MAYLA WEDEKIND

DAS MEER, DIE WELLE UND ICH

Was ich vom Surfen über Mut, Vertrauen und Loslassen lernte

Die richtigen Dinge sind nur richtig,
wenn sie auch zur richtigen Zeit
ins Leben kommen.

INHALT

VORWORT

Träumend sitze ich auf dem Beifahrersitz. Die Straße führt über einen kleinen Hügel an den alten Häusern einer englischen Kleinstadt vorbei direkt zum Wasser. Das Meer. Ein ständiger Begleiter in meinem Leben, doch der Lockdown in London hat mich seit einem halben Jahr von ihm ferngehalten. Noch nie war ich so lange am Stück nicht an der Küste gewesen. Beim Anblick des braunen Brackwassers an der Ostküste Englands treten mir Tränen in die Augen. Obwohl das Wasser weder einladend warm noch sauber genug zum Schwimmen war, brachte die Weite des Meeres mein Herz zum Schwellen. In meinen Jahren auf Bali hatte ich nie so eine tiefe Rührung beim Anblick des Ozeans empfunden. Ich erinnere mich daran, wie ich die Schönheit zwar gesehen, jedoch nicht immer gespürt zu haben schien.

Das Element des Wassers hatte schon von klein auf meinen Alltag geprägt und geleitet. Einen Großteil meines Lebens verbrachte ich am und im Meer, es gab aber auch Phasen, in denen ich von ihm zumindest physisch weit entfernt war. Hätte mir zu meiner Zeit im Ausland jemand gesagt, dass ich einmal in London leben würde, hätte ich wohl mit Entgeisterung reagiert. England hatte mich nie interessiert. Mein Blick lag schon immer auf tropischen oder sonnenreichen Gegenden wie Portugal, Spanien oder auch Bali. Die raue englische Küste und das regnerische Wetter, das seinem Ruf alle Ehre macht, war dem norddeutschen meiner Heimat zu ähnlich.

Nach mehr als fünf Jahren auf Bali lebte ich gerade in Kiel, als ich ein Jobangebot in London als Cycling-Trainerin von der amerikanischen Firma Peloton bekam. Auf meinem Handgelenk sind die Worte »spontan und unabhängig« tätowiert, deswegen folgte ich dem Angebot, ohne lange zu zögern. Mein Tattoo ist eine Erinnerung an mich selbst, immer spontan und frei in Entscheidungen zu bleiben und mir zu erlauben, neue Dinge zu probieren, wenn sie sich ergeben. Das bedeutet, dass ich auch mal meine Komfortzone verlassen muss, wenn sich unerwartet Türen öffnen. Umgeben von Freunden und frisch verheiratet hatte ich mir in den letzten Jahren eigentlich ein bequemes Leben in Kiel aufgebaut, und auch das Surfen in der Ostsee, bei der ich aufgewachsen war, war mir immer mehr ans Herz gewachsen. Das Wellenreiten im dicken Neoprenanzug hatte zwar keine große Ähnlichkeit mit den tropischen Bikinisurfs, doch die wilden Wellen Europas schafften es, mich in ihren Bann zu ziehen und manchmal auch an meine Grenzen zu bringen.

Nachdem ich den Großteil meines Erwachsenenlebens in Australien und Indonesien verbracht hatte, war schon der Umzug in eine Stadt wie Kiel ein echter Kulturschock. Doch wenn mir meine Zeit im Ausland eines beigebracht hatte, war es dies: Wenn man immer nur in der sicheren Zone bleibt, wird man nie in der richtigen Position sein, um die großen Wellen des Lebens zu reiten. Ohne etwas zu wagen, wächst man auch nicht. Ich mochte die Existenz, die ich mir in den letzten Jahren aufgebaut hatte, und war dennoch bereit, eine andere Welle des Lebens zu nehmen. Als Landei im Herzen und ohne Gewissheit, was auf mich zukommen wird, brach ich auf in die Großstadt. Der Beginn eines neuen Kapitels und einer neuen Version von mir.

Expanse

FREUDE

DAS WASSER UND ICH

Mein Herz schlägt mir bis zum Hals, während der Atem durch meinen angespannten Körper rasselt. Ich spüre den Schmerz von Muskeln, deren Existenz mir vor einer Stunde nicht einmal bewusst zu sein schien. Mein Surfboard hatte mich in voller Fahrt am Hinterkopf getroffen, eine Lehre für mich, das Board immer im Blick zu behalten und die Konzentration nicht zu verlieren. Die Krämpfe in den Waden und die Beule am Kopf pulsieren noch lange, nachdem ich das Wasser verlassen habe. Doch da ist mehr. Unter dem rasenden Puls und dem Brennen des Salzwassers in meinen Schrammen fühle ich mich in diesem Moment so lebendig wie niemals zuvor. Freude strömt durch meine Poren und weckt jede Zelle meines Körpers auf. Ich habe nur einen Gedanken im Kopf: Dieses Gefühl möchte ich nie wieder missen.

Ich wuchs in Plön auf, einer kleinen, verschlafenen Stadt im nördlichen Schleswig-Holstein. Zur Ostsee brauchte man mit dem Auto nur eine halbe Stunde, und zu den vielen ringsum liegenden Seen war es nur ein Katzensprung. Beide prägten meine Kindheit und Jugend stark. Die tiefe Ruhe der Seen zog das aufgeweckte Mädchen in mir schon immer an, sodass ich die Sommermonate meistens im, auf und am Wasser verbrachte. Wo ich sonst mit dem Kopf in den Wolken war und meine Energie endlos schien, hatten die Seen etwas Beruhigendes, das mich ins Hier und Jetzt brachte. In den ersten warmen Tagen des Jahres in den noch kalten See zu springen fühlte sich wie ein Abwaschen der Wintermonate an. Schon damals war der Sprung ein Muss, denn beim langsamen Hineinwaten wurde meine Liebe zum Wasser dann doch getestet.

> Ob Winter oder Sommer, eines blieb gleich: Im Wasser fühlte ich mich schwerelos, als würden all meine Sorgen gelöst und von der Strömung fortgetragen werden.

Ich liebte die Seen, noch mehr aber liebte ich das Meer. Von klein auf spielte ich stundenlang Meerjungfrau in der Ostsee und schien dabei ihre Kälte nicht wahrzunehmen. Während andere Kinder nach Muscheln und Schätzen tauchten, war ich fasziniert von den Mustern des Meeresgrunds, wo sich endlose Wellen in den Sand zeichneten. Ein gleichmäßig geformtes Auf und Ab, wie eine Hügellandschaft auf dem Grund des Meeres. Die anfangs besorgten Blicke meiner Eltern, wenn ich zu lange unter der Oberfläche blieb, ließen bald nach. Sie wussten, dass ihre »kleine Wasserratte« in ihrem Element war, als ich ihnen mit glitzernden Augen von den Fischen und dem unberührten Meeresboden erzählte.

In meiner Jugend gab es für mich nichts Schöneres, als einen Tag am Meer zu verbringen. Meerjungfrau spielen trat dabei immer mehr in den Hintergrund, und die Frage, welcher Bikini am besten die Bräune zeigte, wurde langsam wichtiger. Auch in meiner Teenagerzeit wusste ich jedoch immer, dass das Meer mir mehr geben konnte als nur eine gute Bräune. Als die Trennung meiner Eltern meiner jugendlichen Sorglosigkeit ein jähes Ende bereitete, schienen die Strandtage mit meinen Freunden die einzige wirkliche Auszeit zu sein, die ich so sehr brauchte. Das Wasser war auch in dieser Phase meines Lebens ein Ort des Abschaltens und Loslassens. Damals wusste ich nicht genau, warum es mich immer wieder zu ihm zog. Ob lange Herbstspaziergänge an den Seen oder ausgiebiges Sonnenbaden am Ostseestrand in den ersten Strahlen des Sommers – beides gehörte wie selbstverständlich zu meinem Leben. Das jährliche Anbaden Anfang März wurde ungeachtet des Wetters zur Tradition.

Die Zeit am Meer hilft mir auch heute noch, mich nicht nur zu entspannen, sondern auch zu beleben. Schon immer hat das Meer mir die Dualität des Lebens gezeigt, denn ich kenne nichts, was mir so viel geben und gleichzeitig so viel Energie rauben kann wie ein Strandtag. Die tiefen blauen Töne des Wassers haben eine beruhigende Wirkung auf mich, während die salzige Luft alle Sinne zu vitalisieren scheint. Nach einem langen Tag am Wasser kommen jedoch auch immer die Gefühle der Erschöpfung in mir hoch. Das Meer ist der Grund, warum ich um 19 Uhr ins Bett gehe und um 5 Uhr morgens wieder loslegen will.

Heute lade ich dieses Gefühl von Erschöpfung und Freude am Ende eines langen Surftages mit offenen Armen ein. Dehydriert und todmüde falle ich nur noch ins Bett, um meine blutdurchschossenen Augen zu schließen.

Der beste Schlaf, den man überhaupt haben kann:
surfed out und das Herz voller Freude.
Beim Einschlafen spürte ich jeden Muskel.
Aber ich wusste: Am Morgen würde ich
wie neugeboren aufwachen.

Das Salzwasser scheint nicht nur meine Nasennebenhöhlen durchgespült, sondern auch alle Sorgen weggewaschen zu haben. Dieses Gefühl ist der Grund, warum mich die Wellen auch am nächsten Tag wieder magisch anziehen werden.

IM CHAOS DIE BALANCE BEHALTEN

Mit Wellenreiten begann ich relativ spät, denn Deutschland bietet nicht die besten Bedingungen zum Üben. So wäre es sicherlich übertrieben, die verwaschenen Wellen der Ostsee als Surfparadies zu bezeichnen. An der Nordseeküste treten an manchen Tagen auch mal gute Wellen auf, aber sie ist nicht der verlässlichste Surfspot, man muss schon das Glück auf seiner Seite haben.

Das richtige Wellenreiten kannte ich nur aus Filmszenen über den Lifestyle in Kalifornien oder Abenteuer auf Hawaii. Diese Bilder faszinierten mich schon früh, jedoch erschienen sie mir wie aus einer anderen Welt, weit weg von meinem einfachen norddeutschen Dasein. Als ich gerade Abi machte, kam der Film *Soul Surfer* heraus, in dem die Geschichte einer hawaiianischen Surferin erzählt wird, die ihren Arm bei einem Haiangriff verliert. Über den lockeren Surf-Lifestyle, besonders aber auch das Abenteuer, mit Haien zu schwimmen und sich in ungewisse Strömungen zu stürzen, wollte ich mehr wissen. Wellenreiten hatte also schon immer einen Platz in meinen Gedanken. Es war mit ein Grund, warum es mich nach dem Abitur für ein Jahr Work & Travel an die Ostküste Australiens zog, wo es einen ganz anderen Stellenwert im Alltag einnahm. Fast jeder Aussie an der Küste stand wohl zumindest schon einmal im Leben auf einem Brett, ähnlich wie in Deutschland vermutlich jeder Mensch schon mal einen Ball gekickt hat. Das Surfboard zählt hier zu einem natürlichen Bestandteil fast jeden Haushalts. Für mich als etwa Zwanzigjährige war es allerdings schwer, surfen zu lernen, und ich war neidisch auf die australischen Kinder, die sich den Sport einfach spielerisch nebenbei aneigneten.

Am Strand zu stehen und zu sehen, wie eine »richtige« Welle nach der anderen brach, gab mir einen Vorgeschmack auf die Gewalt, die das Meer am anderen Ende der Welt zu haben schien. Als ich beobachtete, wie sich die Wellen ihren Weg zum Strand bahnten mit einer Kraft und Schönheit, die ich so noch nicht erlebt hatte, war es um mich geschehen. Für mich waren Wind und Wellen sonst immer verbunden gewesen, ich wusste nicht, dass sie auch unabhängig voneinander auftreten können, wie hier in Australien. Andere Sportarten, die ich ausprobiert hatte, wurden unwichtig, und schon bald war es allein das Wellenreiten, das meinen Alltag bestimmte. Meine »Alles oder Nichts«-Haltung, die bei anderen Sportarten in Deutschland dazu geführt hatte, dass ich schnell mein persönliches Leistungsziel erreichte, kam mir auch beim Surfen zugute. Nachdem ich einmal Feuer dafür gefangen hatte, wollte ich so gut werden, wie ich konnte, und komplett eintauchen in dieses neue Universum.

Am Wellenreiten faszinierte mich besonders, dass es die Aspekte der Balance und der Unkontrollierbarkeit in sich vereint. Es ist ein Zusammenspiel zwischen den unzähmbaren Wogen des Meeres und einem statischen, menschengemachten Board. Ich wollte spüren und erleben, wie es sich anfühlt, die Kontrolle über das Brett zu haben, während die Wellen ihren eigenen Willen zu haben schienen. Jede Welle ist einzigartig und bringt eine neue Überraschung mit sich. Diese Ungewissheit, welches Gesicht das Meer mir heute zeigen wird, war mir allzu bekannt: spiegelglatt mit kleinen weißen Schaumkronen am Ufer oder stürmisch und bedrohlich, sodass der beißende Geruch der Algen und der salzige Wind einem die Tränen in die Augen treibt. Trotz ständiger Bewegung, Unregelmäßigkeiten und fordernder Bedingungen war mir auch hier in Australien das Meer seltsam vertraut. Als Wasserliebhaberin wollte ich jedes seiner Gesichter kennenlernen und wertschätzen, es jedoch in keinem Punkt versuchen zu verstehen oder zu beeinflussen. Stundenlang schaute ich mir die Wellen an, studierte Strömungen und probierte im Line-up – der Bereich im Wasser, wo sich die Surfer ansammeln, um von hier aus in die Wellen zu paddeln –, ein Muster im Wellengang zu erkennen. Das Studium des Meeres ist eines der schwersten, denn nur eins ist gewiss: Es bleibt in Bewegung.

In dieser Zeit wurde ich oft daran erinnert, wo meine physikalischen Grenzen waren und überschritt diese regelmäßig. Wenn der feste Boden unter den Füßen verschwindet und man sich dem Meer hingibt, gibt man gleichzeitig auch einen Teil der eigenen Kontrolle auf. Da im Wasser alle Sinne gebraucht werden, kann dieser Kontrollverlust den Körper schnell aus der Balance bringen.

Auf meinem Surfboard zu sitzen,
während die Strömung kraftvoll in eine andere
Richtung zieht und der eben noch flache
Ozean meterhohe Wellen produziert, erfordert
Konzentration. Den Atem kontrollieren.
Die Schultern entspannen.
Loslassen und die Kontrolle abgeben.

Die eigene körperliche Reaktion hängt dabei von der subjektiven Bewertung ab. Schätze ich eine Situation als bedrohlich ein, dann verfalle ich sehr wahrscheinlich in Panik, inklusive aller körperlichen Reaktionen. Aber ich muss mir stets bewusst sein, dass der Kampf gegen das Wasser sinnlos ist, da es immer stärker sein wird. Eine Wahl ist zu treffen: das unbekannte Gefühl als Herausforderung annehmen und gemeinsam mit dem Meer an einem Strang ziehen oder letztendlich im Kontrollverlust verloren gehen.

Auch wenn ich immer mehr Freude als Angst beim Anblick des Meeres verspürte, verstehe ich, warum sich viele Menschen nicht hineinwagen. Gerade wenn man nicht am Wasser aufwuchs, kann die unbekannte Kraft des Ozeans überwältigend sein. Um sich mit ihm »anfreunden« zu können, muss man die verschiedenen Gesichter erleben und akzeptieren, bis der Körper Vertrauen hat, dass die Unsicherheit nicht unbedingt Gefahr bedeutet.

Diese Lektionen musste ich gleich am Anfang meiner Surfkarriere lernen. Ich war zwar am Meer groß geworden und wusste von Strömungen, der Kraft des Wassers und all den Unwägbarkeiten. Doch als ich in Indonesien das erste Mal eine »richtige« Welle brechen sah, wusste ich, dass diese Wellen ein anderer Schnack sind. Ihre Schönheit verschlug mir fast den Atem. Die Wunder der Natur hatten mich schon immer fasziniert, doch der Anblick einer perfekt brechenden Welle ging über alles hinaus, was ich bisher erlebt hatte. Mein Wissen über den Ozean endete hier. Was ich da sah, überstieg alles. Klingt dramatisch? War es auch, denn diese perfekte Welle veränderte mein Leben dramatisch.

AUF DER SUCHE NACH DER PERFEKTEN WELLE ODER NACH DIR SELBST?

Als ich Deutschland mit 19 Jahren verließ, hatte ich keinen blassen Schimmer, dass ich vor dem Erreichen meines 27sten Lebensjahrs nicht zurückkommen würde. Was als kleines Abenteuer anfing, wurde zur Suche nach guten Wellen, einem tieferen Verständnis des Meeres – und nach mir selbst. Gelangweilt von anderen Sportarten, die mir zwar leichtfielen, aber mich nicht forderten, machte mir das Wellenreiten meine Begrenzungen allzu deutlich. Zudem zeigte es mir, dass ich mein Können häufig falsch einschätzte. Sport war immer eine zentrale Komponente meines Lebens gewesen, und auch in Wettkämpfen hatte ich immer das Gefühl gehabt, die Kontrolle zu haben. Nicht aber beim Surfen.

Dies wahrzunehmen fühlte sich nicht immer gut an, fast als würde mir der Ozean jeden Tag aufs Neue hämisch einen Spiegel vorhalten. In ihm sah ich mich als Versagerin, die in einer Art Größenwahn versuchte, die Illusion des coolen Surfergirls aufrechtzuerhalten. Oft ertappte ich mich selbst bei dem Gedanken, dass das Meer schuld ist an meinem Unvermögen: »Wenn ich nur die perfekte Welle hätte, dann würde ich surfen wie eine Meerjungfrau.« Das Wasser und das Brechen der Wellen zu verstehen war die Grundlage, die ich mir zunächst einmal erarbeiten musste. Wie konnte ich lernen, eine Welle zu reiten, wenn ich gar nicht genau wusste, wo und wie sie brach?

Die Schuld den äußeren Gegebenheiten anzulasten war einfach, doch wirklich in mich hineinzuschauen und mir mein eigenes Unvermögen einzugestehen bedeutete Arbeit, Anstrengung und Ehrlichkeit.

Dies war auch die Zeit, in der ich anfing, an mir selbst zu arbeiten und mir meine eigenen Schatten genauer anzusehen. Nach dem Abitur war ich etwas kopflos durchs Leben gerannt, nicht genau wissend, was ich mit mir anfangen sollte. In Australien hatte ich nun die Chance, mich selbst neu zu entdecken, denn ich traf nur auf Menschen, die mich noch nicht kannten und sich keine Meinung über mich gebildet hatten. Oft hatte ich mich vorher dabei ertappt, anderen die Schuld für meine Planlosigkeit in die Schuhe zu schieben, doch im Ausland war ich plötzlich auf mich allein gestellt, sodass dieser Mechanismus nicht mehr funktionierte. Es fühlte sich fast an wie ein großer Reset, bei dem all meine Einstellungen wieder zurück auf null gesetzt wurden.

Allein im Ausland zu sein kann zwar beängstigend, aber auch eine Chance für einen Neustart sein. Weit entfernt von meinem gewohnten Umfeld in Deutschland merkte ich, wie andere Facetten von mir ans Licht kamen. Dabei wurde ich nicht gerade gnädiger mit mir selbst, sondern noch härter. Die Suche nach der »perfekten Welle« begann, und mein Blick war wie fixiert auf eine Vision meiner Zukunft. Die »perfekte Welle« war nicht nur die Suche nach der idealen Woge im Ozean, sondern auch nach der Idee, wie ich mein Leben gestalten wollte. Dabei gab es Momente, in denen ich mich derart in die Suche nach der wirklichen Welle im Meer hineinsteigerte, dass ich den Sinn dafür verlor, im Hier und Jetzt zu sein.

Wie oft verschwenden wir unsere kostbare Lebenszeit auf der Suche nach der perfekten Welle? Stattdessen sollten wir mit den gegebenen Umständen arbeiten und uns auf sie einlassen.

KLEINE SCHRITTE, GROSSE SPRÜNGE

In Australien entschied ich mich, erst mal nicht nach Deutschland zurückzukommen, sondern die nächsten Jahre dem Wellenreiten zu widmen. Am Anfang war mir noch nicht klar, was das für mein Leben bedeutete. Demütig musste ich mir eingestehen, dass richtig surfen zu lernen viel Arbeit war, und damit kamen auch viele Stunden, die ich im und am Ozean verbringen musste. Der ganze Prozess nahm mehr Zeit in Anspruch, als ich erwartet hatte. Mir fiel es schwer, Niederlagen hinzunehmen und jede noch so kleine Verbesserung zu erkennen und wertzuschätzen. Es dauerte eine ganze Weile, bis mir meine Fortschritte vollkommen bewusst wurden und noch viel länger, sie dann auch von ganzem Herzen zu feiern. Ich war es gewohnt, nur das große Ganze am Ende zu zelebrieren und die kleinen Zwischenschritte nicht wahrzunehmen. Allerdings war es beim Wellenreiten nicht so, dass ich zum Schluss feiern konnte, denn es gab kein klares Ende des Lernens.

Als ich diesen Umstand einsah, änderte sich meine Perspektive maßgeblich. Das erste Mal länger auf dem Brett zu stehen fühlte sich an, als hätte ich eigenhändig ein Haus gebaut – vom Fundament bis zum Dachstuhl. Für diesen Erfolg hatte ich an der richtigen Stelle des Ufers rauspaddeln, mich korrekt positionieren, eine gute Welle wählen, mit aller Kraft paddeln und schlussendlich auch erfolgreich aufstehen und stehen bleiben müssen. Das Gefühl der Freude war unbeschreiblich, doch mir schlich sich ein Gedanke ein: Vielleicht war Surfen nicht wie das Bauen nur eines Hauses, sondern einer ganzen Stadt. Und so begann ein ständiges Lernen und Weiterentwickeln, bei dem mir erst nach einigen Jahren richtig bewusst wurde, dass dieses Projekt nie zu Ende gebaut sein würde.

Die Unbeständigkeit und vielen Gesichter des Ozeans machten es dabei unmöglich, meine nächsten Schritte zu planen und auszuführen. Das Wissen, wie eine Welle bricht und wo man sich platzieren muss, um sie zu bekommen, kann man sich nicht an Land aneignen. Man muss dazu im Wasser sein – *learning by doing.* Mit der Zeit wurde mir auch klar, dass nur eine hundertprozentige Konzentration auf das Surfen es ermöglichen würde, überhaupt weiterzukommen. Aus diesem Grund beschloss ich, nicht nur eineinhalb Jahre in Australien zu verbringen, sondern zu reisen und weitere fünf Jahre in Indonesien, besonders auf Bali zu verbringen, um dort die Wellen studieren zu können. Ich setzte mir diesen neuen Fokus für mein Leben und war bereit, dafür andere Dinge aufzugeben. Mit wilder Entschlossenheit stürzte ich mich in das Studium des Ozeans und lernte immer mehr über das Wellenreiten und das Meer.

»Kennst du eine, kennst du alle« war jedoch bei den Wellen nie der Fall. Die Grundregeln des Surfens konnte ich zwar übertragen, aber die Ungewissheit über die verschiedenen Bedingungen blieb. Ich erinnere mich noch an viele Momente, in denen es sich anfühlte, als würde sich mein »Fortschritt« in Wahrheit rückwärts bewegen. Die Stadt, die ich mir mühselig aufzubauen versuchte, war wie auf Wolken errichtet, die manchmal wieder verpufften. Ich hatte zwar gelernt, die kleinen Fortschritte zu erkennen und wertzuschätzen, jedoch musste ich lernen, bei Rückschritten nicht den Kopf in den Sand zu stecken. Ähnlich wie die Gewalt der Wellen war der Prozess des Lernens unkalkulierbar und teilweise gnadenlos. Trotz meiner ambitionierten Ziele vor Augen musste ich mich mit dieser neuen Art des Lernens arrangieren und mir selbst Zeit geben. Was jedoch immer da war, war die Freude. Sie wurde nicht nur während des Surfens, sondern auch für mein Leben zum Leitstern.

Während die Mitschüler meines Abiturjahrgangs anfingen, ihre Bachelorarbeiten zu schreiben, zog es mich immer tiefer in die Welt des Wellenreitens, und ich sah keinen Grund, diesen Lebensstil in naher Zukunft aufzugeben. Endlich hatte ich etwas gefunden, was mir Freude bereitete und mich gleichzeitig dazu herausforderte, über mich selbst hinauszuwachsen.

NUTZE DIE STRÖMUNG

Ich blieb mit dem Surfen am Ball, auch wenn das Leben auf Bali viele Ablenkungen bot. Dazu gehörten ein regelloser Lifestyle und das Gefühl, jeden Tag frei und wild leben zu können. Besonders das Nachtleben war schon damals sehr ausgeprägt und zog mich schnell in seinen Bann. Ob bei einer Beachparty zu Reggae-Klängen oder im hippen Elektroclub, es gab eigentlich jeden Tag der Woche einen Grund zum Feiern. Dazu kam noch der Bali-Lifestyle in all seiner Pracht. Von Rollerfahren ohne Helm bis den ganzen Tag über barfuß mit Fußkettchen herumlaufen nahm ich jeden Trend der Insel mit.

Am Anfang wurde ich von dieser Dynamik regelrecht mitgerissen, merkte aber bald, dass ich mein Ziel im Bali-Strudel aus den Augen verlor. An diesem Ort schien die Zeit stillzustehen, und in den Tag hineinzuleben war Standard für Ausländer, die hier gestrandet waren. Sich diesem Charme zu entziehen und einen eigenen Rhythmus zu finden wurde zu meiner persönlichen Herausforderung. Rasch erkannte ich, dass montags auf den Wellen am wenigsten los war, denn alle Surfer lagen noch verkatert in ihren Betten. Sonntagabends veranstaltete das Single Fin auf der Klippe nämlich immer die größte Party in dem kleinen Surferdorf, in dem ich lebte.

Um gute Wellen zu bekommen, gilt es manchmal, gegen den Strom zu schwimmen, in aller Früh im Dunkeln aufzustehen und sich auf die Suche zu machen, wenn andere noch schlafen. Das fiel mir zu Beginn gar nicht so leicht, denn ich wollte zugleich auch Teil der Surfergemeinschaft sein. Doch mit der Zeit machte ich zunehmend mein eigenes Ding. Mit jedem Monat, den ich auf der Insel verbrachte, fand ich mehr zu meinem persönlichen Rhythmus und löste mich von dem Strom, den das Leben auf Bali mit sich brachte.

Konträr zu meiner Entscheidung, gegen die Strömung anzugehen, sind die Gesetze des Surfens. Denn auf dem Surfboard sollte man die Strömung des Meeres immer für sich nutzen. Jeder Paddelzug ist ein verschwendeter, wenn man ihn gegen die die Kraft des Wassers einsetzt. Auch wenn das Ziel genau vor dir liegt, ist es manchmal vorteilhaft, Umwege zu paddeln. Die Entfernung über Wasser entspricht nicht der Realität unter ihm, denn die unsichtbare Strömung hat immer ihre Finger im Spiel. Um sicher an Land zu gelangen, aber auch überhaupt zu den Wellen hinauszukommen, muss man als Surfer nicht nur das Sichtbare über der Wasseroberfläche berücksichtigen, sondern auch die versteckten Tücken darunter.

Die größte Lehre, die ich aus der ersten Zeit meines neuen Lebens auf Bali zog, war zu erkennen, welche Strömung ich nutzen konnte und gegen welche ich anschwimmen musste. Herauszufinden, wie ich mit dem Sog des Ozeans umgehen musste, damit er mit mir arbeitete und nicht gegen mich, erforderte jedes Mal aufs Neue meine volle Aufmerksamkeit.

Immer mehr zog mich das Leben auf Bali in einen Bann, gegen den ich nicht ankämpfen wollte. Trotz verwunderter Nachfragen und manchmal besorgter Nachrichten meiner Freunde und Familie in Deutschland spürte ich intuitiv, dass ich in die richtige Richtung trieb. Und für mehrere Jahre hinterfragte ich diese Entscheidung auch nicht, sondern genoss einfach die Reise, auf die ich mich begeben hatte.

FOKUS DARAUF, WO DU HINWILLST

Eine neue Sportart zu lernen nimmt alle möglichen Ressourcen in Anspruch, denn verschiedene Körperbereiche müssen kontrolliert und koordiniert werden. Anfangs erschien es mir, dass meine Beine, die Arme und mein Rumpf gar nicht mehr miteinander verbunden waren, denn die gleichzeitige Kontrolle aller Körperteile war nicht mehr möglich, sobald ich auf dem Brett stand. Wellenreiten war für mich eine Koordination auf höchstem Niveau, und zu der rein körperlichen Herausforderung kam noch die mentale Komponente hinzu. Ist die Welle zu groß, bricht sie gut oder soll ich lieber auf die nächste warten? Entscheidungen, die immer wieder neu getroffen werden mussten und bei denen es gefühlt keine Möglichkeit gab zu pauschalisieren. Jeder Tag im Wasser war anders, und mit ihm kamen auch neue Wellen, an denen ich üben konnte, die richtigen Entscheidungen zu treffen.

Doch eine wichtige Regel, die ich egal an welchem Tag und an welcher Welle anwenden konnte, war die »Macht meiner Blickrichtung«: Die Richtung, in die ich schaute, bestimmte maßgeblich, wie ich die Welle surfte. Sah ich nach unten, dann fiel ich direkt schon beim Aufstehen, dem sogenannten »Take-off«, hin. Der Blick nach unten war fatal, denn ich sah entweder das Riff und bekam es mit der Angst zu tun, oder mir fehlten die Orientierung und das Gleichgewicht, was mich nach vorn fallen ließ. Im Gegensatz dazu stand ich viel sicherer auf meinem Surfboard, sobald ich schon beim Take-off nach rechts oder links schaute und direkt in die jeweilige Richtung surfte. Generell fällt es mir einfacher, nach rechts zu surfen, denn mein linkes Bein steht auf dem Surfboard vorn, sodass mein Blick beim Aufstehen automatisch schon nach rechts gerichtet ist. Ich bin beim Surfen ein »Regular« – Stand auf dem Brett mit linkem Bein vorn –, bei umgekehrter Haltung wäre ich ein »Goofie«.

Mein Stand auf dem Board bestimmte also mit, welche Wellen ich bevorzugte; am häufigsten suchte ich mir rechts brechende aus, da sie mit meinem Surfstil einfacher zu reiten waren. Während ich mich dann auf der Welle befand, war die Richtung, in die ich blickte, auch wichtig, denn das Board glitt in die Richtung, in die ich schaute. Das Herz als Wegweiser war nun eine weitere Komponente, die zur Blickrichtung hinzukam: Sah ich beim Surfen in eine bestimmte Richtung, dann konnte dieser Impuls noch verstärkt werden, indem auch meine Brust dieser Bewegung folgte. Mein ganzer Oberkörper war dann nach der Blickrichtung ausgerichtet und brachte mein Board wie von Zauberhand dazu, den gewünschten Weg einzuschlagen. Diese Schritte sind fast wie eine Kettenreaktion miteinander verknüpft und klingen logischer und einfacher, als sie in der Umsetzung sind.

Die Frage, die ich mir dann beim Surfen und auch in meinem Alltag stellte, lautete: Wohin will ich eigentlich?

Wie oft schauen wir im Alltag nach unten, vertieft in unsere Smartphones. Dabei bestimmt auch hier der Blick, in welche Richtung es geht. Der Nacken ist steif und die Muskeln verspannt – die Ausgleichsbewegung wäre der Blick nach vorn und oben, denn da wollen wir ja hin. Die beschriebene Surftechnik zu verinnerlichen gab mir auch die Möglichkeit, besser zu verstehen, wie ich mein eigenes Leben führte. Am Anfang meiner Zeit auf Bali setzte ich mich besonders mit dem Mindset auseinander, das ich mir in meiner Jugend in Deutschland angeeignet hatte, und mir wurde bewusst, dass das Surfen mich schon wieder eine wichtige Lektion gelehrt hatte:

> Dich auf deine Ängste zu konzentrieren, statt darauf, was du im Leben erreichen möchtest, führt nur zu Verunsicherung. Tatsächlich deinem Bauchgefühl zu folgen, dich zu öffnen und Unsicherheiten mutig zu begegnen, gibt dir die Möglichkeit, neue Wege zu gehen.

Die nächsten Jahre nahm ich mir fest vor, meinen Fokus auf die Dinge zu legen, die mein Herz höherschlagen lassen. Und mich mehr damit zu beschäftigen, was das Leben mir für Möglichkeiten eröffnet. Genauso wie ich lernte, beim Surfen meinen Fokus und die Blickrichtung zu kontrollieren, versuchte ich auch im Alltag, die wesentlichen Dinge im Blick zu behalten.

LASS DICH NICHT VOM ÄUSSEREN TÄUSCHEN

Die meisten Wellen auf der Bukit, der kleinen südlichen Halbinsel von Bali, traten an Klippen auf. Für den Überblick war das perfekt, denn von oben hatte ich einen guten Blick über das ganze Line-up und die hereinrollenden Wogen. Allerdings wurde jede Surfsession dadurch auch immer zu einem Ganzkörper-Work-out. Die vielen Treppenstufen zu bezwingen, während ich versuchte, mein Board nicht an den schroffen Kliffwänden zu zerkratzen, kam noch zu all dem Gepaddel im Wasser hinzu.

Auf dem Weg nach unten war ich zwar immer motiviert und voller Energie, doch mich nach dem Surfen wieder die Treppen hochzuschleppen wurde häufig zur Qual für meine Beinmuskeln. Dabei hatten es meine Beine aber wirklich nötig, beansprucht zu werden, denn sonst gab es im Alltag auf Bali nicht viele Möglichkeiten, mal zu Fuß zu gehen. Ich bewegte mich vielmehr mit dem Roller von A nach B, ob vom Restaurant, nach Hause oder zum Surfen, denn für einen Spaziergang gab es gar keine richtigen Wege, und die wenigen existierenden Bürgersteige waren oft von tiefen Löchern durchzogen und luden nicht gerade zum entspannten Schlendern ein.

Ich liebte den weiten Blick von oben über den Ozean. Manchmal fuhr ich auch nur mit meinem Roller von Surfspot zu Surfspot, um einmal die Klippe hinunterzublicken. Als ich dann auf Instagram aktiv wurde, stellte ich gelegentlich kleine Sequenzen der Wellen ins Netz. Dies nahmen andere Surfer immer dankend an, denn so bekamen sie einen Einblick in ihre Qualität und konnten sich die Fahrt zu diesem Teil der Insel teilweise sparen.

Von der Klippe hinab die Wellen aus der Distanz zu sehen lässt schnell Gedanken wie »Ach, der Wellgengang ist ja klein heute« oder »Ich weiß genau, wo ich sitzen werde!« in den Kopf kommen. Dabei kann das Gefühl entstehen, die Wellen zu kennen und richtig einzuschätzen. Allerdings musste ich schnell lernen, dass der Blick von der Klippe und das »Äußere des Meeres« nie der kompletten Wahrheit entsprechen. Erst im Line-up spürt man die wahre Kraft der Strömung und die Größe der Wogen, die man zu erleben hofft. Vom Land aus kann das Glitzern des Wassers eine Sanftheit ausstrahlen, die einem ein trügerisches Gefühl von Sicherheit vermittelt. Doch ein ganz anderes Gesicht kann hervorkommen, wenn man sich in das Element begibt und sich dem Ozean aussetzt. Innerhalb von Minuten kann ein Sturm aufziehen, oder die Gezeiten verändern sich in kürzester Zeit und bringen das scharfe Riff zum Vorschein. Auch können gute Wellen innerhalb von Augenblicken einfach verschwinden, sodass man als Surfer auf einmal wie in einem Teich mit spiegelglatter Oberfläche sitzt.

Einmal geriet ich beim Surfen mit einer Freundin in ein Gewitter. Als wir rauspaddelten, war der Himmel nur etwas dunkler, doch wir konnten weit und breit keine dicken Regen- oder Gewitterwolken erkennen. Draußen angekommen wunderten wir uns, dass keine anderen Surfer im Wasser waren. Plötzlich sah ich, wie sich die Haare meiner Freundin aufstellten, einzelne trockene Strähnen wurden magnetisch in die Höhe gezogen. Ich machte noch Scherze, als sie das Gleiche auch bei mir bemerkte. Es dauerte einige Minuten, bis wir uns der Gefahr bewusst wurden, in der wir uns befanden. Als höchste Erhebung im offenen Meer standen die Chancen nicht schlecht, von einem Blitz getroffen zu werden. Zwar noch lachend über unsere neuen Frisuren, doch auch schon etwas panisch paddelten wir schnell zurück zum Ufer.

Besonders wegen dieser immer vorhandenen Unberechenbarkeit des Ozeans ist es jedes Mal aufs Neue wichtig, ihn zu studieren, bevor ich rauspaddle, denn so kann ich Fehleinschätzungen und Risiken zumindest minimieren. Geduldig die Wellen und das Wetter auch mal etwas länger zu beobachten zahlt sich aus, denn so bekomme ich mehr Informationen, auf deren Grundlage ich dann eine Entscheidung treffen kann. Das bedeutet nicht, dass ich dann immer automatisch richtigliege, aber zumindest kann ich mir im Nachhinein keine Vorwürfe machen, nicht lang genug das Meer beobachtet zu haben.

So wie der Ozean viele Gesichter hat und wandelbar ist, kommt man auch im Leben in Situationen, die komplex sind. Und auch hier kann es dir helfen, dich erst genauer mit einer Sache zu beschäftigen: Mach dir immer ein besseres Bild, bevor du deine Entscheidungen triffst.

Ich musste lernen, vorschnelles Urteilen abzulegen und mir stattdessen geduldiges Beobachten und Kennenlernen anzueignen. Auch wenn es mir manchmal wie eine Zeitverschwendung vorkam, habe ich es nie bereut, mir diese Zeit zu nehmen.

IN DER RUHE LIEGT DIE KRAFT

Wie täuschend das Meer oberhalb der Wassers sein kann, lernte ich schmerzhaft während eines Surfs auf Sumbawa in Indonesien. Es war ein stressiger Tag gewesen, übermütig paddelte ich auf das Meer hinaus und wollte unbedingt gute Wellen nehmen. Dabei hatte ich vom Land aus nicht wirklich die Wasseroberfläche beobachtet, und auch draußen angekommen wollte ich gleich die erste Welle vom Set – Wellen kommen immer in Gruppen an, die als Set bezeichnet werden – anpaddeln. Ich war unruhig und ungeduldig zugleich.

Dann geschah es. Die Welle kam, sie war groß und tauchte wie aus dem Nichts vor mir auf. Ich versuchte noch, durch sie hindurchzutauchen, doch es war zu spät. Die Schwere der Welle zog mich unter Wasser, wo die Strömung mich in eine unterirdische Höhle drückte. Aus oben wurde unten, und Sekunden fühlten sich an wie Minuten. Überall um mich herum konnte ich nur die kleinen weißen Blasen des aufgewühlten Wassers erkennen. Angsterfüllt suchte ich nach dem Ausgang und schnitt mir dabei meine Beine und Füße an den scharfen Steinen auf. Wo waren meine Ruhe und Kontrolle geblieben? Ich hatte beides wohl übermütig am Strand gelassen! Stattdessen machte sich nun Panik in meiner Brust breit. Ein ungutes Gefühl, dass ich nicht mehr Frau der Lage war, kam über mich. Dann jedoch der Lichtblick: Ein leichtes Ziehen in meiner Leash – das Band, das Board und Surfer verbindet – zeigte mir, dass mein Surfboard den Weg zur Oberfläche gefunden haben musste. Ich folgte ihm nach oben, wo meine Lunge endlich den Sauerstoff aufnehmen konnte, nach dem sie so vehement verlangt hatte. Das sich daraufhin in mir ausbreitende Gefühl der Erleichterung ließ mich noch tiefer einatmen. Für mich war die Session für diesen Tag beendet, ich musste meine Wunden verarzten gehen und hatte das Bedürfnis zu verarbeiten, was passiert war. Zum ersten Mal in meinem Leben war ich mit der fatalen Gefahr des Ozeans in Berührung gekommen, eine Erfahrung, die mich auf den Boden der Tatsachen zurückbrachte.

Die Narben an meinen Beinen dienen mir auch Jahre später noch als Erinnerung, nicht nur in brenzligen Situationen die Ruhe zu bewahren, sondern mir selbst die Zeit zu geben, Umstände erst zu evaluieren. Mit Hektik und Unruhe zum Wellenreiten zu kommen ist keine gute Basis für eine erfolgreiche Surfsession. Also machte ich es mir zum Ritual, während eines Moments des Innehaltens erst einmal das Meer zu beobachten und mich nicht in die Wellen zu begeben, ohne zu wissen, dass ich zur Ruhe gekommen war. Wie es so schön heißt: In der Ruhe liegt die Kraft. Jedoch liegen in ihr auch Selbstkontrolle und Sicherheit. Dinge, die jeder Surfer gut gebrauchen kann. Ich habe tatsächlich aus meinen Fehlern gelernt, denn es kam später zu Situationen, in denen ich eigentlich geplant hatte, surfen zu gehen, kurz vor dem Rauspaddeln aber merkte, dass ich nicht die richtige mentale Einstellung hatte, sollte ich in eine gefährliche Situation kommen. Auch wenn es mir schwerfiel, entschied ich mich, eine Surfsession auch mal auszusetzten, wenn ich wusste, dass ich nicht vollkommen fokussiert sein würde.

Manche Menschen würden vielleicht erwarten, dass mir durch den Unfall, bei dem ich den Kontrollverlust am eigenen Leib spürte, die Freude am Surfen vergangen wäre. Doch ich wusste schon damals, dass diese Erfahrung meine Leidenschaft für das Surfen nur noch stärker entfachen würde. Denn aus jeder Begegnung mit dem Ozean, den Wellen und dem Riff konnte ich etwas mitnehmen, und es eröffnete sich die Chance, daraus zu lernen und daran zu wachsen. Auch wenn sich mir Herausforderungen in den Weg stellten, ließ ich mich davon nicht entmutigen, sondern nahm diese vielmehr freudig an und stürze mich noch tiefer in das Universum des Surfens. Immerhin wusste ich nun, dass ich mich niemals unbedacht in eine Situation begeben würde, und auch wenn etwas passieren sollte, hatte ich die Sicherheit, die beste Entscheidung getroffen zu haben, die ich aus den gegebenen Informationen ziehen konnte. Eventuelle Verletzungen und andere Dinge außerhalb meiner Kontrolle konnte ich in Kauf nehmen, da ich alles getan hatte, was in meiner Macht stand.

DEIN GLÜCK LIEGT NICHT IM ÄUSSEREN

Die Freude am Wellenreiten und mein Können auf dem Surfboard zu vertiefen standen für mehrere Jahre im Mittelpunkt. Dabei war das Leben in Indonesien zum Glück so günstig, dass ich mich mit meinem Ersparten über Wasser halten konnte. In Australien hatte ich den Großteil meines Gehalts gespart, zudem befand sich auf meinem deutschen Konto noch ein kleiner Puffer von Sommerjobs, die ich vor meiner Abreise gemacht hatte. Disziplin war schon immer mein Ding, und auch schon vor meinen Reisen hatte ich es geliebt, mir ambitionierte Ziele zu setzen. Da fiel es mir auf Bali leicht, trotz meines geringen Budgets ein sorgenfreies Surferdasein zu führen.

Für einige Jahre lebte ich in diesem entspannten Rhythmus, bis mich mein Magen zu plagen begann. Starke Bauchkrämpfe, Durchfall und Abgeschlagenheit hielten mich zwar nicht vom Surfen ab, doch meine Lebensqualität sank mit jeder Woche. Am Anfang versuchte ich, mir noch einzureden, dass die Symptome schon wieder von allein weggehen würden, doch die Zeit verstrich, und sie wurden immer schlimmer. Im Krankenhaus auf Bali konnte man mir nicht helfen. Also flog ich nach Australien, um mich dort untersuchen zu lassen. Die Ärzte eines Tropeninstituts in Adelaide versuchten, der Ursache meiner Beschwerden auf den Grund zu gehen, zu meiner Enttäuschung jedoch ohne Erfolg. Mittlerweile hatte ich einige Kilos an Gewicht verloren und war nicht nur körperlich, sondern auch mental abgemagert und ausgezehrt. Jede noch so große Freude am Bali-Surfleben wurde durch den Mangel an Gesundheit getrübt. Zudem hatte ich zwar noch einen ausreichenden finanziellen Puffer, machte mir aber langsam Sorgen, was die Zukunft für mich bringt.

Ich beschloss, nach Deutschland zu fliegen und einen Familien- und Krankenhausbesuch zu kombinieren. Nachdem ich nun schon mehrere Jahre durchgängig im Ausland lebte, entschied ich mich dazu, den Sommer in meiner Heimat zu verbringen. Zur Sommerzeit ist es auf Bali schon immer sehr voll gewesen, und die vielen Touristen, die in der Hochsaison kamen, machten das Inselleben hektischer. Sommer in Europa schien mir da eine gute Alternative zu sein. Ich war freudig erregt und plante, meine Familie und Freunde zu überraschen. Meine Familie hatte sich bei meinem Opa in Hessen angekündigt, ohne Vorahnung, dass ich nach zwei Jahren aus heiterem Himmel zu Besuch kommen sollte. Als mich meine Cousine vom Bahnhof abholte, stieg meine Vorfreude, und für eine Moment konnte ich mein Leben auf Bali vergessen. Das überraschte Gesicht meines Opas, der eine Sekunde brauchte, um zu verarbeiten, wer da vor ihm stand, war die Heimlichtuerei wert. Als meine Mutter und meine Schwester am Nachmittag eintrafen, konnte unser Hund Sammy mich schon von Weitem wittern. Ich versteckte mich in der Küche, dem Lieblingsort unseres schwarzen Labradorrüden. Sofort versuchte er aufgeregt, seine Entdeckung meiner Mutter kundzutun, deren Arme schneller ausgebreitet waren, als ihr Gehirn diese Überraschung verarbeiten konnte. Trotz der langen Trennung war mein Herz sofort zu Hause, und für die nächsten Tage tauchte ich tief in die bekannte Wärme meiner Familie ein.

Wieder im Norden Deutschlands angekommen, zog ich bei meiner Mutter ein, und es dauerte nicht lange, bis ich mich eingeengt und abhängig fühlte. Als freiheitsliebende Aussteigerin wurde ich nun mit meinem alten Leben konfrontiert, das ich ja eigentlich schon hinter mir gelassen hatte. In zunehmendem Maße redete ich mir ein, dass ich hier nicht hingehöre. Ich hatte Albträume, dass ich wieder zur Schule gehen müsste, und alte Verhaltensweisen kamen erneut zum Vorschein. Durch eine generell negative Einstellung machte ich mir die Zeit in Deutschland selbst schwer. Dazu kam, dass auch das hiesige Krankenhaus keine Ursache für meine körperlichen Beschwerden fand. Ich begann meine Entscheidung, nach Deutschland zu kommen, immer mehr zu bereuen. Die rosarote Brille hatte ich in Indonesien gelassen und sie durch eine graue ersetzt. Was sollte ich bloß mit meiner Zeit hier anfangen?

Einen dieser mir farblos erscheinenden Sommertage verbrachte ich mit meiner Mutter an der Ostsee. Sie ging schwimmen, mir war es zu kalt. Ich verzog mein Gesicht und sagte, dass die Strände auf Bali viel schöner sind, worauf ein Streit entbrannte. Die vertrauten Augen meiner Mutter blickten mich an, als hätte sie Schwierigkeiten, ihre Tochter zu erkennen. Sie fragte mich, was aus mir geworden sei. Wutentbrannt fingen

wir beide an, auf das offene Wasser zu kraulen. Es war kalt, doch meine Bewegungen wärmten mich schnell auf. Außer Atem und weit weg vom Land, hörte ich auf zu schwimmen. Sie hatte recht. Was war aus mir geworden? Mir wurde deutlich, dass ich Schönheit nur noch in bestimmten Dingen sehen konnte und mein Glück und meine Zufriedenheit von äußeren Einflüssen abhängig machte. Manchmal brauchen Dinge Zeit, damit sie einem bewusst werden. Es ist wie ein Prozess, den man durchläuft, ohne es womöglich zu merken. Dann triggert eine bestimmte Situation diese Dynamik, sie kulminiert, und plötzlich tritt eine Klarheit an ihre Stelle.

Für mich war dieser Moment im Wasser ein langersehnter Reset meines Selbst. Ein kleiner Augenblick, der für mich von großer Bedeutung war, denn er blieb mir immer in Erinnerung. Meine Lebenseinstellung, in der ich mich die letzten Wochen über gefangen gefühlt hatte, ließ ich an diesem Tag im Wasser zurück. Auf der stillen Rückfahrt wurde mir bewusst, wie eingeschränkt ich lebte, wenn ich nur Freude im Surferleben auf Bali finden konnte. Dabei hatte ich mir die letzten Jahre über erfolgreich eingeredet, meinen Sinn des Lebens gefunden zu haben. Vielleicht hatte ich in manchen Situationen auch von oben herab meine Mitmenschen beurteilt, die ein anderes Leben führten. Ich begann, mich zudem zu fragen, ob meine Bauchschmerzen mit meiner psychischen Verfassung verbunden waren.

Die nächsten Wochen brachten eine neue Wertschätzung mit sich. Surfen war meine große Leidenschaft, aber es war nicht Herr über mein Lebensglück. Als könnten die Freuden des Lebens jemals so beschränkt sein auf nur eine Tätigkeit. Das Erlebnis war für mich wie ein Fall von meinem hohen Ross, zurück in die Realität aus meiner Bali-Blase. Dabei war die neue Realität nicht hart und kalt, sondern befreiend. Ich dachte, ich hätte frei gelebt, doch eigentlich war ich nur innerhalb der mir selbst gesetzten engen Grenzen ungebunden. Ich entschied mich, weiter auf Bali zu leben, doch ich wusste, dass ich auch woanders glücklich sein könnte. Die Freude am Surfen hatte mich die vergangenen Jahre zwar erfüllt, jedoch auch ein bisschen eingeschränkt. Meine Leidenschaft zum Meer war nun etwas losgelöst von dem physischen Ort. Noch machte ich mir zwar keine Gedanken, ob es Zeit war, die Insel zu verlassen, doch es hatte sich eine Tür in meinen Gedanken geöffnet, dass es auch noch andere tolle Orte auf dieser Welt gab.

WIE GRENZEN RAUM FÜR NEUES SCHAFFEN

Zurück auf Bali versuchte ich es noch einmal mit einem einheimischen Heiler, denn die Beschwerden waren auch nach dem Deutschlandaufenthalt und trotz meiner neuen Realitätswahrnehmung nicht verschwunden. Er gab mir dieses Mal verschiedene Kräuter und Tinkturen, eine Behandlungsmethode, die ich bisher noch nicht versucht hatte. Dreimal am Tag rührte ich nun verschiedene Pulver zusammen und füllte sie in kleine Kapseln. Das gab mir ein gutes Gefühl, es war wie ein Ritual, mit dem ich meine Gesundheit wieder in den Griff bekommen wollte. Aber die Symptome wurden nur schlimmer und schlimmer.

Ich ließ mich davon nicht unterkriegen, denn mir wurde zunehmend der ganzheitliche Aspekt meiner Gesundheit bewusst. In den letzten Jahren hatte ich sowohl in körperlicher als auch geistiger Hinsicht oft ein »flaues Gefühl im Magen« gehabt. Psychisch war ich jedoch gestärkt aus Deutschland gekommen. Deswegen sagte mir meine Intuition, dass es eine

körperliche Lösung für meine Magen-Darm-Beschwerden geben musste. Positiv ging ich also an die verschlimmerte Sitution heran und ließ mich nochmals im Krankenhaus untersuchen. Anscheinend hatten die Kräuter des Heilers einen Umschwung gebracht, denn nach vielen vergangenen Krankenhausbesuchen konnten die Ärzte endlich etwas finden. Durch verunreinigtes Wasser hatte ich mir eine bestimmte Art von Amöben eingefangen, die nun munter in meinem Darm lebten. Als mir die Ärztin sagte, dass sie mich langsam von innen »auffraßen«, hatte ich endlich den Grund für meine Schmerzen und Blutungen.

Tagelang hing ich am Tropf und musste langsam wieder aufgepäppelt werden. Auch wenn ich kein großer Fan des Krankenhaus-Vibes war, war es eine besondere Zeit, denn meine Gedanken begannen zu fließen. Schon lange hatte ich nicht mehr so viel Zeit für mich gehabt, der Krankenhausbesuch ermöglichte es mir, in aller Ruhe mein Leben zu reflektieren. Meine anfängliche Surfeuphorie hatte sich gelegt, und die Freude, die ich empfunden hatte, war abgeebbt. Das Wellenreiten wollte ich nicht aufgeben, doch ich brauchte mehr intellektuelle Stimulation für meinen Kopf. Noch im Krankenhaus schickte mir eine gute Freundin einen Link zu einer Fernuni für ein Psychologiestudium. Psychologie hatte mich schon immer interessiert, und es schien, als eröffneten sich mir in diesem Moment ganz neue Möglichkeiten. Die Lösung: ein Fernstudium, bei dem ich das Wellenreiten nicht an den Nagel hängen musste und mir eine gewisse Flexibilität erhalten konnte. Eigentlich war ein Studium keine Option gewesen, denn ich sah mich eher in einer praktischen und anwendungsorientierten Ausbildung. Doch die Studieninhalte sprachen mich an, und ich merkte, wie allein der Gedanke daran ein neues Feuer in mir entfachte.

Ich bestand die Eingangsprüfung und musste mich fortan mit Statistik und seitenlangen Studien auseinandersetzen. Zusammen mit dem Studium verschwanden auch meine Zukunftsängste und gesundheitlichen Probleme. Es war anfangs nicht einfach, den Tag mit Lernen, Seminaren und Surfen zu strukturieren und sich an die Vorgaben zu halten. Ich musste dafür sehr viel Disziplin und Fokus aufbringen. Dafür freute ich mich umso mehr auf jede Surfsession und empfand es wieder als etwas Besonderes, aufs Wasser zu kommen. Auch nutzte ich die Zeit beim Surfen nun viel effektiver, denn ich musste ja an Land meinen Verpflichtungen nachkommen.

Das Studium nahm mich zeitlich in Anspruch und war harte Arbeit für meinen Kopf, das Surfen im Gegensatz dazu meine mentale Auszeit. Es war die perfekte Mischung aus körperlicher und geistiger Anstrengung. Ich hatte fürs Erste eine gute Balance für mein Leben auf Bali gefunden und schaffte es nicht nur, weiter zu surfen, sondern auch das Studium zu beenden. In keinem Moment bereute ich diese Entscheidung, sondern hängte Jahre später sogar noch einen Master in Psychologie an. Lange Zeit war ich auf der Suche nach einer passenden Ausbildung oder einem Studium gewesen, doch dann öffnete sich die Tür genau im richtigen Moment meines Lebens von allein. Hätte ich das Studium ein Jahr früher begonnen, hätte ich es womöglich abgebrochen oder zumindest keine Motivation zum Lernen gehabt.

Die richtigen Dinge sind nur richtig,
wenn sie auch zur richtigen Zeit
ins Leben kommen.

Take-off in die Freude

Eine wichtige Erkenntnis, die ich auf meiner Suche nach mir selbst erlangt habe, ist, dass das Leben nicht immer rosig ist und ich nicht durchgängig Freude erleben werde. Und das ist okay. Es geht vielmehr darum zu lernen, was tiefe Freude in dir auslöst und was sie erlöschen lässt. Denn wenn du weißt, was dich glücklich macht, dann ist es nur eine Frage von Vertrauen und Mut, die dazugehörigen Aktionen in die Tat umzusetzen. Mit der Zeit können sich die Umstände auch verändern, sodass es nun gilt, dem Prozess zu vertrauen und nicht zu versuchen, krampfhaft an alten Freuden und Gewohnheiten festzuhalten.

Mit dieser kleinen Übung möchte ich dich dazu einladen, der Freude in deinem Leben mehr Raum zu geben.

Nimm dir ein paar Minuten Zeit, um die folgenden Fragen ehrlich zu beantworten und dich selbst ein bisschen besser kennenzulernen. Vertrau darauf, dass die Antworten schon in dir stecken.

1. Was sind drei Dinge, die meine kindliche Freude wecken?
2. Wie oft verbringe ich Zeit mit Tätigkeiten, die mich diese Freude empfinden lassen?
3. Denk an eine Angewohnheit, die dir mehr Kraft raubt, als Freude zu machen. Durch welche unkomplizierte Aktion könntest du diese Tätigkeit morgen ersetzen?

VERTRAUEN

AUF EIN ABENTEUER GEHEN, EIN PARADIES ENTDECKEN

Nur meine Nase ragt aus dem Wasser. Ich liege im warmen Ozean und höre den Korallenstücken bei ihrem Konzert zu, eine Melodie, der ich stundenlang lauschen kann. Abgestorbene Korallen werden im Wasser nach und nach in kleine Kügelchen verwandelt, die im Auf und Ab des Wellengangs durch die Reibung eine sanfte Melodie erzeugen. Ich schließe meine Augen und werde Teil des Ozeans. Plötzlich lässt mich ein Kitzeln an meiner Fußsohle aus meiner Träumerei hochschrecken. Die kleinen schwarzen Augen einer Krabbe kommen zögernd hinter meinem Fuß hervor, schnell läuft sie wieder zum sicheren Strand. Ich lasse meinen Blick schweifen und zähle die Palmen, die die sanfte Brise zum Schwingen bringt. In der Ferne sehe ich die Wellen in sich zusammenfallen, deren donnernde Laute von Zeit zu Zeit die Stille unterbrechen. Einen schöneren Ort gibt es nur in meiner Fantasie. Ich stelle mir vor, einfach hierzubleiben und der Zivilisation den Rücken zu kehren. Auf dieser einsamen Insel ein schlichtes Leben zu führen und mich nur von Kokosnüssen zu ernähren scheint gar nicht so absurd zu sein. Denn ich fühle mich an diesem Ort so sehr angekommen bei mir selbst wie noch nie zuvor. Was ich in diesem friedvollen Augenblick aber noch nicht weiß: Dieses Abenteuer sollte blutig enden, und ich sollte erst sieben Jahre später an diesen magischen Ort zurückkehren.

Als totale Surfanfängerin traute ich mir Dinge zu, auf die ich jetzt nur noch mit einem Kopfschütteln zurückschaue. Meine Naivität brachte mich in Situationen, die andere nach Jahren des Surfens noch nicht erlebt hatten. Es war nicht, als wäre ich für diese Erlebnisse bereit gewesen. Ich war jedoch neugierig und unerfahren genug, um mich in regelmäßigen Abständen in gefährlichen Situationen wiederzufinden. Ein gewisses Anfängerglück kann man bei vielen Beginnern beobachten, die unverletzt und etwas verwundert aus dem Wasser kommen, nachdem sie in vollem Tempo mit anderen Surfern oder sogar dem Korallenriff Bekanntschaft gemacht haben. Dementsprechend glimpflich verliefen meine ersten Surfunfälle, bei denen ich nur mit Schrammen davonkam.

Surfen in Indonesien ist geprägt von sogenannten »Reef-Cuts«, die entstehen, wenn man mir einem Korallenriff in Berührung kommt. Dass diese Korallen nicht so flauschig sind, wie sie zuerst erscheinen, wird jedem Surfer früher oder später bewusst. Wie kleine Messer können sie schon bei der kleinsten Berührung tiefe Wunden hinterlassen. Viele Korallen sind jedoch abgestorben und haben ihre Farbe und auch Gefährlichkeit verloren. Als ich noch in Australien lebte, buchte ich einen Trip zum Great Barrier Reef, auf dem schon damals fast alle Korallen abgestorben waren. In Indonesien gab es jedoch noch viele unberührte Orte mit intakter Natur, und ich wollte, solange es noch ging, zumindest ein Mal einen besuchen.

Gemeinsam mit einer Freundin suchte ich einen Ort in Indonesien aus, von dem zu unserer Zeit nur die wenigsten

Surfer gehört hatten: die Mentawai-Inseln in Sumatra. Wir kamen in der Hafenstadt Padang an und machten uns auf die Suche nach den richtigen Surfboards für unser Abenteuer. Die Fähre, die uns zu unserem Ziel bringen sollte, verließ Padang nur einmal in der Woche und fuhr mehrere Stunden durch die Nacht. Es wurde uns noch geraten, einen der wenigen Schlafplätze zu reservieren, doch wir entschieden uns dagegen. Im Nachhinein hätten wir die paar Euros besser investiert, denn wir verbrachten zehn Stunden auf dem Dach der Fähre, wo wir in stürmischer See und bei Gewitter neben dem Blitzableiter ausharren mussten. Wir lernten schnell, dass man auch in den Tropen frieren kann, als wir klatschnass neben unseren triefenden Koffern saßen. Ein Wunder, dass unsere Handys noch gingen. Damals gab es zwar noch keine Smartphones, und es war generell schwer mit Familie und Freunden in Kontakt zu bleiben, jedoch konnte man zumindest innerhalb Indonesiens Kurznachrichten schreiben oder auch telefonieren.

Auf der Insel angekommen, waren wir wie von der Welt abgeschnitten. Schon auf Bali hatten wir uns wie auf einem anderen Planeten gefühlt, doch hier auf den Mentawais, wo die Straßen Trampelpfade durch den Dschungel waren, waren wir in einem anderen Sonnensystem gelandet. Es gab nur einen kleinen Homestay an Land, ansonsten waren wir von unberührter Natur umgeben. Das nächste Dorf war zu Fuß zehn Minuten entfernt, im einzigen Laden deckten wir uns mit dem Nötigsten ein: Reis und Sambal zum Frühstück, Mittag- und Abendessen. Doch auch die ungewohnte Nahrung und die fehlenden warmen Duschen konnten uns nicht von unserer Mission abhalten. Unsere Unterkunft lag an der berüchtigten Welle Hollow Trees, die uns mit ihrer beständigen Gewalt den Atem raubte. Schnell merkten wir, dass wir die Welle besser nicht surfen sollten. Die Locals hatten für das Korallenriff, an dem wir uns schon beim Paddeln die Boards kaputt gemacht hatten, ehe wir die Welle überhaupt erreichten, eine treffende Bezeichnung: *surgical table*.

Aus diesem Grund ging es jeden Morgen auf eine Wanderung durch den Dschungel zu einer anderen Bucht mit einer Welle, der wir eher gewachsen waren. Dabei war es wichtig, den Körper vollständig mit Kleidung zu bedecken, denn die Gegend war zu der Zeit noch akutes Malariagebiet. Wir verbrachten dann den ganzen Tag an einem endlosen weißen Strand, verfeinerten unsere Surfskills, sonnten uns und genossen die Stille. Mehr war hier nicht zu tun, denn auf dieser Seite der Insel gab es von Zivilisation keine Spur. Ein Tsunami hatte 2010 die letzten Bewohner vertrieben und nur ein Paradies aus Palmen und leeren Sandstränden hinterlassen.

Zwischen den Surfsessions entspannten wir uns am Strand, gingen baden oder ruhten im Schatten der Palmen. Dort hörte ich das erste Mal die Melodie der Korallen in der Brandung, während ich mich in das flache Wasser am Ufer legte. Was ich erst für ein Ringen in meinen Ohren gehalten hatte, war weder Dehydrierung noch ein Sonnenstich, sondern das für mich schönste melodische Geräusch, das die Natur zu bieten hat.

Wir waren nun tagein, tagaus an diesem Strand zu finden. Die Haut wurde dunkler, die Haare heller und das Aufstehen auf dem Surfboard allmählich einfacher. Noch immer waren wir blutige Surfanfänger, doch wir fingen an, selbstbewusster zu werden und unser Können zu überschätzen, sodass wir uns auch bald in die Riffwellen trauten. Gerade wenn man ganz am Anfang einer neuen Sportart steht, können die in kurzer Zeit gemachten Fortschritte erst einmal immens erscheinen. Wenn man jedoch das ganze Bild in den Blick nimmt, kann man erkennen, dass man sich immer noch nicht weit von der Startlinie entfernt hat.

WENN DAS LEBEN DEINE FÄHIGKEITEN INFRAGE STELLT

Es war ein ruhiger Morgen, als wir uns wie jeden Tag unsere als Sonnenschutz dienende schwarze Zinkcreme ins Gesicht schmierten und auf den Weg zu der neuen und so viel gefährlicheren Welle machten. Dass die Creme wie Kriegsbemalung aussah, die uns furchtlos wirken ließ, passte gut, da wir uns nach all den Surfs auch fühlten, als hatten wir die Ungewissheit des Meeres unter Kontrolle. Selbstbewusst paddelten wir raus auf den Ozean und bekamen auch prompt die Rechnung: Schon nach einer halben Stunde fiel meine Freundin mit dem Gesicht voran auf das Korallenriff. Nachdem sie sich gesammelt und ihr Board wieder unter Kontrolle hatte, paddelte sie zu mir zurück, während sie sich die Hand vor das blutige Gesicht hielt. Nach einigen Momenten des Unglaubens wurde uns bewusst, dass die Nase nicht nur gebrochen war, sondern dass das Riff auch eine tiefe, offene Wunde in ihr Gesicht gerissen hatte. Es blieb uns keine andere Wahl, als so schnell wie möglich an Land zu kommen und medizinische Hilfe zu suchen, denn aus meiner Bali-Zeit wusste ich aus eigener Erfahrung, wie schnell sich Riffschrammen entzündeten. Mit einer so großen Wunde wie dieser durften wir kein Risiko eingehen.

Schnell fanden wir heraus, dass es ärztliche Hilfe nur auf dem Festland gab. Auf dieselbe Fähre zu warten, mit der wir gekommen waren, war für uns keine Option, denn sie war langsam und verließ wie gesagt die Insel nur einmal pro Woche. Ein Einheimischer gab uns den Tipp, unser Glück mit den Fischern zu versuchen, die uns in ihren Booten auf die andere Seite bringen könnten. Zum Fischerdorf gelangte man nur durch den kleinen Mangrovenwald, wo die Gezeiten von uns verlangten, dass wir unser kleines, geliehenes Holzboot für mehrere Stunden durch den Schlamm zogen. Als wir endlich am späten Nachmittag erschöpft am Hafen ankamen, fanden wir tatsächlich einen Fischer, der einverstanden war, uns für viel Geld zum Festland zu bringen. Die Sonne stand schon tief, als wir seine Nussschale bestiegen. Mir fiel sofort auf, dass das Boot nur einen Motor hatte. Zu dritt gab es gerade genug Platz für uns und unsere Tasche, und die Überfahrt sollte die ganze Nacht dauern. Viel Gepäck hatten wir nicht dabei, nur Wasser und ein paar Snacks.

Meine fiebernde Freundin schlief sehr schnell ein, doch ich durchlebte auf dieser ungeplanten Bootsfahrt eine Achterbahn der Gefühle. Mehrmals fiel der Motor aus, und ich saß hilflos da, während der Fischer panisch versuchte, ihn wieder in Gang zu setzen. Der Wind peitschte die Wellen immer stärker auf. Die Nacht war so schwarz, dass ich nicht mal meine eigene Hand vor dem Gesicht sehen konnte. Die dunkle Weite des sonst so vertrauten Ozeans hatte etwas Bedrohliches, das mich davon abhielt, meine Augen zu schließen.

Um in diesen Stunden nicht verrückt zu werden, lenkte ich all meine Energie in das Vertrauen, dass das Schicksal es gut mit uns meint und wir es irgendwie zum Ufer schaffen werden. Innerhalb eines Tages war unser friedlicher Aufenthalt im Paradies zum nervenaufreibenden Abenteuer geworden, und ich wünschte mir in dieser Nacht nichts inniger, als wieder in der sanften Brandung meinem Korallenkonzert zuhören zu können.

Mit den frühen Sonnenstrahlen trafen wir endlich auf das langersehnte Festland. Das Krankenhaus war nicht allzu weit vom Hafen entfernt, sodass wir 24 Stunden nach dem Unfall endlich medizinische Hilfe bekamen. Erschöpft und unter starken Schmerzen erfuhr meine Freundin, dass ihre Wunde schon zu ausgetrocknet war, um genäht zu werden. Auch mit der gebrochenen Nase konnten die Ärzte nicht viel machen, dementsprechend kurz war unser Krankenhausbesuch.

Dies war der Wendepunkt unseres großen Abenteuers. Während unsere Herzen zur einsamen Insel zurückwollten, sagte die Vernunft etwas anderes. Wir waren hin- und hergerissen zwischen dem Mut, der uns auf dieses Abenteuer geführt hatte, und der Erkenntnis, dass wir gescheitert waren. Auch wenn dieses Missgeschick nicht unsere Schuld gewesen war, war ein Stück des Vertrauens in meine eigenen Fähigkeiten und auch in meine Selbsteinschätzung in den letzten 24 Stunden verloren gegangen. Der plötzliche Aufbruch hatte es für uns aussehen lassen, als wären wir nie vollkommen Herr der Lage gewesen. Dieses Gefühl der Hilflosigkeit und die Erkenntnis unserer Verletzlichkeit brachten uns dazu, einen alternativen Plan zu suchen. Und so entschlossen wir uns schweren Herzens, Indonesien erst mal zu verlassen und an die Ostküste Australiens zurückzukehren.

Es war wie die Rückkehr in einen sicheren und gleichzeitig langweiligen Hafen, als wir uns nur Tage später in der Zivilisation Australiens wiederfanden. In diesem Moment war ich mir nicht gewiss, was als Nächstes kommen würde. Ich fühlte mich weit entfernt von mir selbst, denn in Gedanken war ich noch immer in Indonesien und stellte mir vor, was wir noch alles hätten erleben können, wenn wir geblieben wären. Das ernüchternde Ende unseres Abenteuers schien den wundervollen Erfahrungen, die diese kleine Insel in mein Leben gebracht hatte, nicht gerecht zu werden.

SELBSTVERTRAUEN WÄCHST MIT VERTRAUEN

Wieder in Australien zu sein zeigte mir schnell, wie sehr mich das Mentawai-Abenteuer verändert hatte. Auch wenn mir Down Under früher wie ein Traumland erschienen war, war es nicht mehr wirklich mein Herzensort. Das Wetter und die Wellen waren toll, doch es fehlte der Charme, den ich bisher nur in Indonesien gefunden hatte. Die westliche Kultur war mir zu gehetzt, und die Lebenskosten verlangten den Wiedereinstieg in Jobs, die mich nicht erfüllten. Da ich aber aus meiner Zeit in Deutschland gelernt hatte und meine Freude nicht mehr von einem bestimmten Ort abhängig machen wollte, entschied ich mich, Australien eine Chance zu geben.

Mit einem positiven Mindset und Offenheit hatte ich eine tolle Zeit, merkte aber dennoch, dass mir Indonesien fehlte. Ich konnte noch sosehr versuchen, meine Erkenntnis aus Deutschland anzuwenden, und probieren, in die Freude einzutauchen, die ich auf Mentawai empfunden hatte, das Gefühl, dass ich lieber in Indonesien sein wollte, wurde stärker, bis all meine Positivität das Verlangen nach der Freiheit, die ich dort gespürt hatte, nicht mehr überschatten konnte. Überraschend überkam mich der Gedanke, dass das Leben in Australien es nicht wert war, so weit von meiner Familie in Deutschland entfernt zu sein.

Nach langem Überlegen packte ich wieder meine Koffer und buchte einen Flug nach Bali. Dabei musste ich auf mein Bauchgefühl vertrauen, dass dieser Schritt der richtige war. Obwohl in Australien alles »okay« war, konnte ich das Gefühl, dass dieser Ort mich von meinem wahren Selbst entfernte, nicht loslassen. Nachdem ich die letzte Entscheidung, hierherzukommen, aus purer Vernunft getroffen hatte, folgte ich nun meinem Instinkt.

Zurück auf Bali untermauerte ich meine Entscheidung, indem ich mir eine Wohnung und einen Roller für ein ganzes Jahr mietete. Als ich mein neues Visum erhielt, das mir einen längeren Aufenthalt ermöglichte, merkte ich, dass all das Herumreisen mich erschöpft hatte. Ich fasste den Entschluss, dem Reisen fürs Erste ein Ende zu setzen und mir hier auf Bali Stabilität aufzubauen.

Kurz nach meiner Ankunft saß ich im Line-up meines neuen Lieblingssurfspots auf der Bukit und spürte, wie die Sonne meine Wangen langsam rosig färbte, während ich auf die nächste Welle wartete. Obwohl ich früh aufgewacht und in der Morgendämmerung zum Strand gefahren war, hatten schon einige Leute ihren Platz im Wasser eingenommen. Wie auch ich hatten die mit mir die Wellen teilenden Surfer ihre Weckzeit nach dem Wind und dem Wasserstand geplant und genossen es, ihren Tag mit dem süchtig machenden Surfhigh zu starten. Hier im Morgenlicht war es leicht, sich im Schimmern des Wassers und dem orangefarbenen Schein zu verlieren, der den brechenden Wellen etwas Magisches gab.

Als die Wellen anfingen, sich höher zu türmen, fand ich mich zur richtigen Zeit am richtigen Ort wieder, um in eine perfekte Welle hineinzupaddeln. Fast schon surreal kam mir der Ritt auf dieser Welle vor, die mir vor meiner Zeit auf Mentawai noch zu groß gewesen wäre. Als die Welle zum Ende kam und ich über die goldene Schaumkrone zurück ins Line-up paddelte, hörte ich das Jubeln einer anderen Surferin, deren breites Lächeln und ihre über den Kopf erhobenen Arme mich zurück in die Realität brachten. Als ich näher kam, hörte ich ihr »Oh my gosh, that was such a good wave« und spürte, wie gut es tat, meine Freude über das Surfen teilen zu können. Schnell kamen wir ins Gespräch, und als die Hände vom Wasser zu schrumpelig wurden, verabredeten wir uns zum Abendessen in einem lokalen Restaurant, um dort weiterzureden.

Damals kamen schon einige Touristen nach Bali, jedoch wurde die Halbinsel im Norden relativ selten von ihnen aufgesucht. In dem Ort Uluwatu gab es auch noch nicht viele andere Auswanderer, die hier länger wohnen blieben, weswegen die Umgebung fast eine dörfliche Atmosphäre hatte. Immer wieder traf man die gleichen Leute beim Essen in den wenigen Restaurants, die zur Auswahl standen. Ein Leben wie in einem kleinen Kosmos, in dem sich jeder nach den Wellen und den Gezeiten richtete, günstiges lokales Essen aß und den einfachen Lebensstil genoss. Ein paar Monate und viele Surfsessions später hatte ich die Stabilität, die ich mir hier aufbauen wollte, in einem Freundeskreis von Frauen, die seit Längerem auf Bali lebten, gefunden. Sie gehörten zu den sogenannten »Expats«, damals eine besondere Gruppe von Träumern, Künstlern, Surfern oder Entrepreneuren, die eines verband: Sie waren nach Bali gezogen, um der westlichen Gesellschaft des lückenlosen Lebenslaufs zu entfliehen. Die Zeit, die wir zusammen verbrachten, war nicht nur von gemeinsamen Surfsessions geprägt, sondern auch vom aufgeregten Teilen von Ideen und Träumen, denen wir hinterherzujagen versuchten. Wo sahen wir uns in der Zukunft? Mit einem eigenen kleinen Hotel, einem Café am Strand oder auch als erfolgreiche Autorin oder Designerin. In der Gruppe war keine Idee zu abwegig und kein Traum zu hoch gegriffen. Ich war umgeben von Menschen, die mich unterstützen, ich selbst zu sein. Obwohl wir alle sehr unterschiedliche Charaktere waren, verband uns die Liebe zu dem Ozean und der Freiheit, die wir hier empfanden.

Zum ersten Mal spürte ich, mich auch hier im Ausland anderen Frauen öffnen zu können und gehört zu werden. Zuvor

war ich mehr auf mich allein gestellt gewesen und hatte versucht, mich durchs Leben zu boxen. Meinen »Tribe« zu finden war ein wichtiger Schritt, um mein Vertrauen in mich und meinen Weg zu stärken und die gelernten Zweifel ein für alle Mal hinter mir zu lassen. In Freundschaften und Beziehungen zu investieren ist auch heute noch die nachhaltigste Investition meines Lebens, denn allein ist das Leben nur halb so schön.

Sorgen und Freuden mit anderen teilen,
sich gegenseitig motivieren und unterstützen,
sich daran erinnern, wer man wirklich ist:
Tiefe freundschaftliche Verbindungen können
das Band sein, das alles zusammenhält.

Bis heute habe ich Kontakt zu diesen tollen Bali-Mädels. Auch wenn jedes ihren individuellen Weg gegangen ist und die Hälfte auch heute noch auf Bali lebt, während die andere in alle Welt verstreut ist, sind wir füreinander da. Das Surfen hatte uns anfänglich verbunden, doch keine noch so gute Welle kann diese Verbindungen ersetzen.

Je älter ich werde, desto mehr merke ich, wie schwer es ist, neue und tiefe Freundschaften zu knüpfen. Man muss sich schon fast bewusst auf die Suche machen, um gleich gesinnte Frauen kennenzulernen, und Beziehungen fallen mir nicht mehr einfach in den Schoß, wie damals auf der Schulbank oder im Wasser von Bali. Zu zwei Freundinnen aus Deutschland erhielt ich die ganzen Jahre über den Kontakt aufrecht. Auch wenn wir uns vermissten, wusste ich, dass diese Frauen mich so akzeptierten, wie ich war. Das Internet machte es zwar einfacher, in Kontakt zu bleiben, trotzdem war es schwer, da wir kein gemeinsames Leben mehr teilten. Doch die Verbindung zwischen uns dreien war so stark, dass sie diese Zeit überlebte. Später waren beide meine Trauzeuginnen und erfuhren von meiner Schwangerschaft als Erste. Die Stärke, die diese Freundschaften in mir aufbauten, hatte nicht nur Einfluss auf mein Selbstvertrauen. Vielmehr gab sie mir auch das sichere Gefühl, dass ich in dieser Welt, in der ich mich manchmal so anders fühlte, nicht allein war.

Dieses Netz von starken Frauen um mich herum ist zwar klein, aber dafür stabil und dicht gewebt. Auf dem Weg sind immer wieder vereinzelt neue hinzugekommen und frische Beziehungen entstanden. Dabei war es mir immer klar, dass ich mir tiefe und echte Freundschaften mit Menschen wünschte, die alle Teile von mir kennen wollten. Über die Jahre habe ich viele Frauen getroffen, die Angst hatten, sich anderen zu öffnen und dadurch verletzt zu werden. Wie ich hatten sie von klein auf gelernt, dass das Leben ein Kampf ist, und erlaubten sich nicht, ihr wahres Gesicht zu zeigen. Auch ich verbrachte einen Teil meiner Zeit im Ausland damit, es anderen recht machen zu wollen. Mit dem Wachstum in tiefen Beziehungen merkte ich jedoch, wie mein Vertrauen in mich selbst wuchs. Je mehr ich den Menschen um mich herum vertraute, desto mehr traute ich mich selbst: neue Projekte zu starten, größere Träume zu leben und mich auch mal in mein Netz aus Freundinnen fallen zu lassen.

Immer mehr erkannte und erlebte ich die Bedeutung des Satzes »Die Menschen um dich herum definieren dein Leben«, und es wurde mir wichtig, meine Freunde sorgfältig auszuwählen. Das mag für manche Menschen zunächst egoistisch und selektiv klingen. Jedoch suchte ich mir keine Freunde nach bestimmten Kriterien aus, sondern traf bewusste Entscheidungen über die Menschen, die zufällig in mein Leben getreten waren. Die Wichtigkeit dessen wurde mir jedoch erst klar, als ich mich kurzzeitig mit den falschen Menschen umgab. Während auch eine positive Beziehung von Geben und Nehmen geprägt ist, wo zeitweise nur das Geben im Vordergrund stehen kann, darf es nicht zu einer Powerdynamik kommen, in der von einer Person verlangt wird, ausschließlich zu geben. Mir wurde schnell bewusst, dass ich mich lieber mit wenigen Menschen umgeben will, die das Beste in mir hervorrufen, als mich zu verbiegen und kleiner zu machen, um den Erwartungen anderer zu entsprechen. Mein Selbstwertgefühl war dabei ein guter Indikator für das Wesen der jeweiligen Beziehung, denn wahre Freunde erkennen und unterstützen das Potenzial des anderen, ohne es jemals unterdrücken zu wollen.

HÖR AUF DEIN HERZ

Nachdem ich einige Jahre in einer guten Balance zwischen meinem Studium, Surfen und gelegentlichen Deutschlandbesuchen gelebt hatte, merkte ich, dass die besten Jahre auf Bali hinter mir lagen. Mein Geld wurde knapper und meine Sehnsucht nach Beständigkeit langsam größer. Auch wenn ich es immer noch genoss, täglich surfen zu gehen und mich mit meinen Freundinnen zu treffen, hatte sich die Insel sehr verändert. Mit den steigenden Touristenzahlen kam in mir ein Gefühl der Unbeständigkeit hoch, dass davon geprägt war, neue Freundschaften schnell wieder zu verlieren, da Bali nun mal ein Urlaubsort war.

Als ich meine Familie in Deutschland besuchte, verbrachte ich Zeit mit meiner jüngeren Schwester, die in ihrer Winterdepression dieselbe unzufriedene Miene zeigte, wie ich auf meinem ersten Deutschlandtrip. Ich erkannte mich selbst in ihrer Suche nach »mehr«, und gleichzeitig wurde mir bewusst, dass ich mir wieder vorstellen konnte, in Deutschland zu leben. Was mein letzter Bali-Aufenthalt sein sollte, war die Flucht meiner kleinen Schwester, die ich davon überzeugen konnte, mit mir dorthin zu fliegen. Schon nach wenigen Wochen auf Bali sah ich, wie die Insel einen ähnlichen Effekt auf sie ausübte wie damals auf mich. Als ich sie hier in meine Welt einlud und beobachtete, wie der Ort seine Magie spielen ließ, wurde in mir das Gefühl größer, dass ich bereit für etwas Neues war.

Während sie ihre Auswanderung zu planen begann, war mir nun endgültig klar, dass meine Zeit auf Bali zu einem Ende gekommen war, und ich beschloss, mit meiner Schwester nach Europa zurückzukehren. Schon bald war sie in den mir allzu bekannten negativen Gedanken über Deutschland gefangen, während mir der Besuch zeigte, was ich an meiner Heimat geliebt hatte. Auch wenn wir schon immer zwei unterschiedliche Charaktere waren, waren die Parallelen unbestreitbar. Der Freiheitsdrang, den wir beide verspürten, war wahrscheinlich das Ergebnis der Erfahrungen, die unsere Kinder- und Jugendjahre geprägt hatten. Rückblickend konnte ich sehen, wie viele Expats oder Auswanderer, die ich über die Jahre getroffen hatte, eines gemeinsam hatten: Sie wollten herausfinden, wer sie waren, wenn sie nicht in der Umgebung lebten, in der sie aufgewachsen waren. Für mich war jetzt der Zeitpunkt gekommen, dieses neue »Ich« in meine Heimat zu bringen. Erinnerungen an die grauen Tage meines Lebens vor Bali empfand ich nicht länger als bedrohlich, es schien, als hätte ich endlich meinen Frieden gefunden.

Nach ein paar Monaten des Akklimatisierens lernte ich beim jährlichen Ocean-Jump-Wettkampf auf der Kieler Woche, einem der größten Segel- und Volksfeste in Europa, meinen Mann kennen. Er war an diesem Tag Schiedsrichter, und wir begegneten uns das erste Mal auf der After-Show-Party. Da ich direkt vom Bahnhof kam, um bei einem Event zu arbeiten, hatte ich einen riesigen Rucksack dabei und trug immer noch das Dirndl, in dem ich auf dem Marktplatz Käse verkauft hatte. Die Nacht wollte ich im Zimmer meiner Schwester verbringen, von dem ich zwar Schlüssel und Adresse hatte, allerdings war der Akku in meinem Handy fast leer. Dieses wiederum brauchte ich, um den Weg durch die Stadt zu finden. Die After-Show-Party wollte ich dennoch keinesfalls verpassen, was letztlich nicht nur den Verlauf dieses Sommers, sondern auch meines ganzen Lebens maßgeblich verändern sollte. Meinen großen Backpack verstaute ich hinter der Bar und tanzte durch die Nacht, bis mein Akku leer war. Mein zukünftiger Mann war dann die Rettung in der Not. Er half mir, mit meinem Gepäck nach Hause zu kommen.

In den nächsten Tagen verabredeten wir uns auf unser erstes Date, bei dem er mit selbst gepflückten Blumen aus einem Vorgarten Frühstück an der Kieler Förde vorbereitete. Ich hatte von Anfang an das Gefühl, dass sich aus der Bekanntschaft etwas Ernstes entwickeln könnte. Die Wochen vergingen, und wir merkten, wie wir trotz unseres unterschiedlichen Lebens so viel gemeinsam hatten. Mein Mann hatte eine Einstellung zum Leben, die mich dazu inspirierte, bekannte Dinge mit einer neuen Sichtweise zu erforschen. Gemeinsam verbrachten wir den Großteil unserer Dates damit, unsere Verbindung zum Wasser zu stärken und zu sehen, wohin unsere Beziehung führen wird.

Am Ende des Sommers hatte ich mich entschieden, nicht mehr nach Bali zurückzukehren, sondern im Herbst die europäischen Wellen zu erkunden. Diese Entscheidung fiel mir nicht schwer, denn ich hatte auch schon vorher das Gefühl gehabt, dass es Zeit für ein neues Kapitel war. Die Jahre auf Bali waren toll, doch rückblickend war vieles um mich herum schon länger nicht mehr mit mir im Einklang gewesen. Als die Insel voller wurde und mein Studium zum Ende kam, fehlte etwas, was ich erst jetzt in Deutschland in Worte fassen konnte. Durch meinen wunderbaren Sommer in Deutschland hatte ich erkannt, dass ich nicht ewig an der Idee des tropischen Lebens festhalten wollte. Das Leben hatte so viel mehr zu bieten, und ich war endlich bereit weiterzuziehen. Dabei war es mir wichtig, all das mitzunehmen, was ich gelernt hatte, aber meine anfängliche Idee, dass ich nur im Ausland glücklich sein konnte, loszulassen. Als ich mich lachend am Strand in Deutschland sah, wusste ich, dass Glücklichsein von innen kommt und nicht ortsgebunden ist. Bali hatte mir die Chance gegeben, weit weg von meiner Familie und Heimat dieses neue »Ich« zu entwickeln. Die Erlebnisse dort haben mich zu der Frau gemacht, die ich heute bin, und die Lehren aus diesem wichtigen Abschnitt meines Lebens sind in mir gespeichert, wo auch immer ich hingehe. Mich von Bali zu verabschieden geschah mit zwei lachenden Augen und mit Vorfreude auf das, was nun vor mir lag. Ich war bereit, in neue Beziehungen und ein neues Leben zu investieren.

RAUS AUS DER KOMFORTZONE

Nachdem ich mich entschieden hatte, nach Deutschland zurückzukehren, blieb ich Bali erst mal fern. Ich nutzte Urlaube dazu, mit meinem Mann andere Länder und neue Wellen zu erkunden. Es ging nach Frankreich und Portugal, aber auch öfter an die dänische Küste. Gerade Dänemark hatte seine eigene Anziehungskraft. Es hatte etwas Romantisches, in einem kleinen Van zu schlafen und morgens die Tür zum leer gefegten Strand zu öffnen. Essen in Dänemark wollten wir uns nicht leisten, und so brachten wir Nudeln und Tomatensoße aus Deutschland mit. Über das Jahr verteilt schafften wir es auf diese Weise, mehrere Low-Budget-Trips an die raue dänische

Küste zu machen, um unsere Surflust zu befriedigen. Da sogar im Sommer der Strand zu kalt war, um im T-Shirt herumzulaufen, musste ich mich an das Wellenreiten im Neoprenanzug gewöhnen. Keine kleine Umstellung, denn auf Bali surfte ich jahrelang bei angenehmer Badewannentemperatur im Bikini. Die Muskeln sind dabei schon immer aufgewärmt, das Paddeln mühelos ohne den zusätzlichen Widerstand des Neos, und auch das Aufstehen fällt beim Warmwassersurfen leichter.

Als ich das erste Mal an dem beliebten Surfspot Cold Hawaii im Norden Dänemarks war, kam ich mir in meinem engen Neo wie ein Pinguin an Land vor. Meine Arme fühlten sich steif an meiner Seite an, denn durch den festen Neoprenstoff konnte ich sie nur schwer anheben, während die feste Mütze meine sonst so mühelosen Bewegungen in Nacken und Hals einschränkte. Meine normalerweise ausgeprägte Stärke im Paddeln war unauffindbar, und der kalte Wind in meinem Gesicht wirkte wie Nadelstiche, was mich wundern ließ, ob ich für diese Konditionen gemacht war. Die Unbeweglichkeit meiner Glieder erinnerte mich an den Muskelkater, den ich nach meiner ersten intensiven Surfwoche in Australien erlebt hatte. Doch dies war erst der Beginn meiner Surfsession. Auf dem Weg ins Wasser stieß ich auf eine Gruppe Rentner, die gerade vergnügt in Badesachen in die kalte Nordsee sprangen. Etwas irritiert blieb ich bei ihnen stehen, denn die Kälte schien ihnen nichts auszumachen. Vergnügt erklärten sie mir, sie träfen sich schon seit Jahren jeden Tag hier zum Baden. Egal bei welchem Wetter, der Sprung ins Meer gehörte zu ihrem Alltag wie das Zähneputzen. Ich war beeindruckt. Die Gruppe sprühte geradezu vor Vitalität und Lebensfreude, so etwas hatte ich schon lange nicht mehr erlebt. Angesteckt von dieser positiven Atmosphäre erschien mir das Wasser plötzlich nicht mehr so kalt und der Ozean weniger dunkel und bedrohlich.

Mit jeder Surfsession machte ich mich mehr und mehr mit dem Neoprenanzug und dem kalten Wasser vertraut. Bis heute habe ich mich jedoch nicht wirklich an das An- und Ausziehen dieser steifen Anzüge gewöhnt. Im Anziehen des Neos ist mein Mann so viel geübter, dass er weniger als die Hälfte meiner Umziehzeit braucht. Ich benötige dagegen immer Hilfe, um den zähen Stoff über meine Schultern zu ziehen. Schon beim Anziehen will ich gar nicht daran denken, wie meine müden Arme den Anzug später wieder loswerden.

Gerade beim Surfen im Winter brachten mich der Schnee und der eiskalte Wind an meine Grenzen. Es gab Momente, da wollte ich mich wie ein kleines Kind einfach nur schreiend und strampelnd auf den Boden werfen und resignieren, für immer gefangen im nassen Neo. Zusätzlich zu all diesen neuen Hürden, die ich überwinden musste, um surfen gehen zu können, gab es noch Tage, an denen ich trotz mehrerer Stunden im eiskalten Wasser keine einzige Welle ritt. Nass und durchgefroren kam ich dann aus dem Meer, ohne auch nur ein Mal auf meinem Board gestanden zu haben. Sich mit gefrorenen Fingern die Schuhe auszuziehen war schier unmöglich, denn sie waren unbeweglich wie Eiszapfen. Die beste Strategie war in diesem Fall, im nassen Neoprenanzug nach Hause zu fahren und dort langsam in der Dusche aufzutauen.

Diese harten Winter pushten mich aus der Komfortzone. Ich liebte das Wellenreiten, doch wie weit ging diese Liebe? Während des Surfens fühlte es sich auch nicht an wie zuvor. Ein Gefühl der Taubheit und Hilflosigkeit stieg in mir auf, als ich an die endlosen Wellen in Indonesien zurückdachte. Doch schon auf dem Weg nach Hause kehrte mein Kampfgeist zurück, und am nächsten Morgen fühlte ich mich wie neugeboren. Ich erinnerte mich an die Situation mit meiner Mutter an der Ostsee und merkte, wie sehr sich meine Komfortzone gestreckt hatte. Die Kälte, über die ich mich damals noch beschwert hatte, konnte mich nicht mehr so sehr belasten. Und auch wenn ich den ein oder anderen Tag an meine Grenzen kam, kam ich immer wieder zum meinem Board und den Wellen zurück, bereit, meinen Körper und Geist den Belastungen des Kaltwassersurfens auszusetzen.

Wellenreiten ist so viel mehr, als nur auf einer Welle zu gleiten. Jede Stunde, die man im Wasser verbringt, steckt voller Lehren.

Jede Surfsession hilft mir, etwas Neues über den Ozean oder mich selbst zu lernen. Ich muss nur offen sein für diese Erfahrungen. Nachdem ich einmal erlebt hatte, wie es sich anfühlt, seine eigenen Grenzen zu überschreiten, waren diese Erfahrungen fast süchtig machend. Wo ich sonst blind in Situationen gegangen war, suchte ich jetzt bewusst nach Möglichkeiten, neue Level zu erreichen. Mich aus meiner Warmwasserkomfortzone zu wagen und ins eisige Nass zu springen war eine dieser Erfahrungen, die mich wissen ließ, dass ich stärker war, als ich dachte.

VERTRAU DEINEN FÄHIGKEITEN

Erst zu unserem Honeymoon kehrten wir für längere Zeit nach Indonesien zurück. Mehrere Freundinnen lebten noch auf Bali, und ich freute mich, meinem Mann mein ehemaliges Inselleben näherzubringen. Einige Nächte verbrachten wir mit Freunden, die hier noch immer ihren Ausreißertraum lebten. In anderen Nächten schliefen wir unter dem Sternenhimmel, die schwüle Luft so vertraut und doch so fremd nach meinen Jahren in Europa.

Gleich an einem der ersten Tage gingen meine Freundin und ich zu meinem Lieblingssurfspot, wo mich große Wellen und mein schnell schlagendes Herz ein bisschen aus der Bahn warfen. Körperlich und mental war ich noch nicht auf diese Konditionen vorbereitet und hätte meinen Urlaub gern mit kleineren Wellen gestartet. Aber wie auch in Europa musste man nehmen, was der Ozean zu bieten hatte. Wir paddelten an Wellen vorbei, die gleichzeitig ruhig und tobend erschienen. Sie waren zwar groß, aber bewältigbar. Nach einer Stunde wurden meine Arme schlapper, und ich überlegte, bald zum Strand zurückzupaddeln. Aus meinen Augenwinkeln nahm ich eine monströse Welle wahr, die sich schnell auf das Line-up zubewegte und mit jedem Meter größer zu werden schien. Wir wussten, dass wir an der falschen Stelle saßen. In einem Bruchteil von Sekunden mussten wir entscheiden, was der nächste Schritt sein würde: Sie surfen, unter ihr durchtauchen, was man »Duck Dive« nennt, oder riskieren, sie auf den Kopf zu bekommen. Besonders bei größeren Wellen, deren Kraft einen unerwartet in die Luft heben, auf das Riff drücken oder gewaltsam unter Wasser halten kann, versucht man es zu vermeiden, direkt unter die Wellenlippe zu kommen.

Wie ein ICE kam diese Woge auf uns zu. Es war klar: Sie zu surfen war nicht mehr möglich. Während Anfänger in einem solchen Fall oft auf ihren Instinkt hören und versuchen, vor der Welle zu flüchten, hat man die beste Chance, wenn man stattdessen auf sie zupaddelt und sie durchtaucht, bevor sie bricht. Unter diesen mit Adrenalin gefüllten Bedingungen brachten meine schmerzenden Arme plötzlich eine Energie auf, deren Existenz mir nicht bewusst gewesen war. Mit der neu gewonnenen Kraft paddelte ich auf die Welle zu, und in letzter Sekunde gelang mir der Duck Dive. Die Nase des Boards bohrte sich in die Oberfläche der Welle, die kurz vor dem Brechen stand. Ein Gefühl der Schwerelosigkeit machte sich in mir breit, wie immer in dem Moment, in dem ich nicht wusste, ob ich sicher unter der Welle hinwegtauchen oder im nächsten Augenblick von ihr erfasst und nach unten gezogen würde. Mein ganzer Körper stand unter extremer Spannung, und mit einem perfekt positionierten Fuß auf dem Bord, um es durch die Welle zu schaffen, kam ich auf der anderen Seite heraus. Ich schaute mich um und sah einen Surfer nach dem anderen mit zerzausten Haaren nach Luft schnappen. So ein knapp gelungener Duck Dive, bei man seine letzte Kraft gab, um den Wassermassen zu entkommen, konnte in mir die gleiche Freude auslösen, wie eine gute Welle zu reiten.

Wellenreiten hilft, ein Gefühl zu entwickeln von »Du schaffst das!«. Denn ist eine schwierige Lage einmal gemeistert, fühlt man sich auch für andere Situationen gestärkt.

Wenn ich an früher denke, erinnere ich mich an viele Dinge, die ich an einem bestimmten Punkt in meinem Leben als überwältigend oder sogar als unmöglich zu überwinden empfunden hatte. Kälte war eines dieser Dinge, denen ich mich nicht aussetzen wollte. Zu sehen, wie ich Urlaub nach Urlaub wieder in den dicken Neo stieg, obwohl ich wusste, dass die Kälte dieses Mal nicht weniger unangenehm sein wird, hatte einen drastischen Effekt auf meine Denkweise. Es erinnerte mich daran, dass ich an unangenehmen Dingen wachsen konnte, anstatt dass sie die Kraft hatten, mich zu brechen.

Die Einschränkung des eigenen Potenzials ist am stärksten, wenn man immer in der eigenen Komfortzone bleibt. Auswandern war für mich der erste Schritt, der mich aus meiner Wohlfühlzone heraustreten ließ. Meine Familie zu verlassen, zu reisen und keinen festen Wohnsitz oder Rückzugsort zu haben hat mich zeitweise an meine Grenzen gebracht. Doch mein Freiheitsdrang war größer als die Angst vor dem Unbekannten. Es liegt in der menschlichen Natur, das Unbekannte zu fürchten und einen Schritt nach hinten zu machen, wenn das Gehirn es als gefährlich einstuft. Allerdings schätzt es Situationen nicht nur dann als gefährlich ein, wenn sie zu einer körperlichen Verletzung führen können, sondern auch, wenn die Gefahr des Versagens besteht.

> Nachdem ich beim Surfen einige echte Gefahren überstanden hatte, war eines klar: Das Vertrauen in mich selbst wuchs mit jeder schwierigen Situation, die ich meisterte.

Beim Surfen wurde ich plötzlich regelmäßig und unerwartet aus der Komfortzone gepusht. Den Kopf in den Sand zu stecken, wenn sich die Bedingungen veränderten und es unangenehm wurde, war dabei keine Option. Der Grund dafür hatte zwei Seiten: Ich steckte erstens physisch schon mitten im Geschehen und musste lernen, im Moment zu handeln. Der beste Weg aus einer brenzligen Situation führt häufig mittendurch, was beim Surfen auch der Fall ist, weil man sonst nicht zurück ans Ufer kommt. Warum ich mich zweitens immer wieder in diese Situationen begab: Mein Selbstvertrauen wuchs mit jeder schwierigen Lage, die ich meisterte, sodass ich zunehmend Potenzial anstelle von Hindernissen sah. Ich bemerkte, wie sich meine Komfortzone verschob und mir den Weg zu Dingen zeigte, die ich vorher nicht gewagt hatte. Wenn ich an meine Surfreisen zurückdenke, erkenne ich, wie ich nach jeder Challenge gewachsen bin, und erinnere mich an die Lehre, die ich immer wieder zog:

Unangenehm oder schwierig heißt nicht unmöglich, sondern nur, dass eine Sache außerhalb deiner aktuellen Komfortzone liegt.

Wozu der Körper mithilfe eines starken Willens imstande ist, ist kaum zu überschätzen. In uns steckt häufig so viel mehr Kraft, als wir denken.

ANKOMMEN

Sieben Jahre später kehrte ich zurück auf die Mentawai-Inseln, die ich damals nach dem Unfall meiner Freundin so fluchtartig verlassen hatte. Dieses Mal war ich mit meinem Mann an meiner Seite besser vorbereitet und mit dem richtigen Equipment und den nötigen Fähigkeiten ausgestattet. Was einst die Grenzen meiner Komfortzone überstiegen hatte, fühlte sich jetzt ganz natürlich an, und ich konnte mit Selbstsicherheit den Trip genießen. Ich war nicht nur älter und erfahrener, sondern auch innerlich gewachsen und hatte gelernt, mir zu vertrauen. Auch wenn sich mein Wissen über Wellen und den Ozean durch die Jahre des Surfens in allen Teilen der Welt vergrößert hatte, war es mein Denken, das sich am meisten verändert hatte.

In den Jahren zuvor war viel passiert. Ich hatte mein Psychologiestudium beendet, in Deutschland geheiratet und war sesshaft geworden. Ich verbrachte weniger Zeit im Ozean und hatte trotzdem ein neues Level der Entschlossenheit erreicht, wenn es ums Surfen ging. Früher wäre die Vorstellung an ein Leben mit festem Wohnsitz in Deutschland für mich das pure Grauen gewesen – äquivalent zu dem Gefühl, all meine Freiheit aufzugeben. Meine Trauzeugin las bei meiner Hochzeit einen alten Brief von mir vor, in dem ich mich selbst wie ein

Blatt im Wind beschrieb. Als ich ihn verfasste, fühlte sich der Gedanke des Niederlassens nicht nur falsch, sondern auf eine verdrehte Weise auch unsicher an. Mir gegenüber wollte ich damals nicht zugeben, dass die ständigen Veränderungen in meinem Leben dazu dienten, mich nicht mit meinen Ängsten auseinandersetzen zu müssen.

All die unkonventionellen Entscheidungen für mein Leben waren wie eine Rebellion gegen alles, was ich aus meiner Kleinstadt mitbekommen hatte, und ein Aufbäumen gegen die von mir wahrgenommenen Normen. Heute sehe ich diese Zeit jedoch nicht als vergeudet, denn der rebellische Teil in mir wusste, dass ich Abstand brauchte, um zu heilen.

Während meiner Zeit im Ausland hatte ich mir selbst eingeredet, glücklich zu sein und für mich den richtigen Weg gefunden zu haben. Auch wenn sich meine Balance auf dem Surfbrett stetig verbesserte, verlor ich in meinem Inneren oft das Gleichgewicht. Es war daher auch eine Lebensphase, in der ich lernen musste, was mein wahres Ich wirklich wollte. Sobald ich mir eingestehen konnte, dass auf Bali nicht alles rosig war, war ich gezwungen, meinen Blick nach innen zu wenden und wichtige Entwicklungsschritte anzugehen.

Als ich viele Jahre später an meinem Hochzeitstag spürte, wie mein Leben nun einem Baum mit tiefen Wurzeln statt eines Blattes im Wind ähnelte, merkte ich erst, welche Transformation ich in den letzten Jahren vollzogen hatte.

Es brauchte dafür in gewisser Weise erst einmal die Geduld, die Jahre versteichen zu lassen und an mir zu arbeiten, um dann mit genügend Abstand auf mein altes Leben zurückblicken zu können.

Mit dieser gewandelten Wahrnehmung kehrte ich nach Jahren zurück auf meine einsame Insel. Aber einsam war sie nicht mehr, der Surftourismus war mittlerweile auch hier angekommen. Wenn sich auch vieles an dem Ort verändert hatte, war die Empfindung, die er in mir auslöste, doch dieselbe. Die Anreise war einfacher geworden: Wir brauchten »nur« drei Flugzeuge, zwei Boote und insgesamt 48 Stunden Reisezeit, um von London aus im Paradies zu landen, wobei der letzte Streckenabschnitt per Speedboot erfolgte. Angesichts der beschränkten Zeit, die wir im Urlaub verbringen konnten, hatten wir uns schon gefragt, ob wir diesen Weg auf uns nehmen wollten. Doch ich hatte das Gefühl, dass ich diese Reise machen musste, um ein altes Kapitel meines Lebens abschließen zu können. Ein innerer Impuls sagte mir, dass sich der Aufwand lohnen würde.

Als wir bei unserer Unterkunft ankamen, regnete es in Strömen. Das erste Bild, das ich von der Insel bekam, war, wie eine alte Freundin nach Jahren wiederzusehen, vertraut und doch etwas fremd.

Trotz des Regens waren meine Erinnerungen an den schönsten Ort, den ich mir vorstellen konnte, geweckt. Mein Herz schlug bis zum Hals, als ich mich darauf vorbereite, meinem Mann die Insel zu zeigen. Wir schliefen in einer einfachen Hütte und teilten uns Toilette und Dusche mit den Einheimischen. Für drei Mahlzeiten am Tag wurde gesorgt, sodass wir weder Lebensmittel einkaufen noch kochen mussten. Das Surfen war die pure Freude, denn die Wellen waren jeden Tag gut – nicht zu groß, nicht zu klein. Diese Freude mit meinem Mann teilen zu können machte den Urlaub zu einem besonderen Erlebnis. Auch wenn es die nächsten Tage nur regnete, verbrachten wir die Wochen im Surftraumrhythmus: *eat, surf, sleep and repeat.*

Das Geräusch der Korallen in der Brandung war noch das gleiche. Bei jeder Gelegenheit legte ich mich an den Strand und tauchte in diesen bezaubernden Klang ein. Am Morgen wachten wir mit dem ersten Licht auf, und trotz der fehlenden Sonne und des ständigen Regens gingen wir jeden Abend glücklich und *surfed-out* ins Bett. Das einfache Leben auf der Insel war ein willkommener Kontrast zum Stadtleben, das wir in London führten.

An unserem Abreisetag wachte ich auf und schaute auf das weite Meer hinaus. In diesem Augenblick spürte ich, wie sich in mir etwas grundlegend veränderte. Der Himmel leuchtete blau und mischte sich mit den gelben Sonnenstrahlen, die auf den Palmenblättern faszinierende Muster formten. Eine Gänsehaut rauschte über meinen Körper, als ich barfuß am Strand entlangging und im Hintergrund die Wellen brechen hörte. Nach all den Regentagen, die die Insel in ein tiefes Grau gehüllt hatten, verzauberte mich die Schönheit der Natur in dem glitzernden Licht und brachte mich zurück zu dem Moment, in dem ich sie das erste Mal erblickt hatte. Das Zurückkommen war mein Ankommen. Elektrisiert von der Wirkung, die dieser Ort auf mich hatte, versuchte ich, jedes noch so kleine Detail aufzunehmen und in meinem Inneren zu speichern. Ein Blitz von unbeschreiblicher Freude durchfuhr meinen Körper und ließ mich tiefer in den warmen Sand sinken. Es war, als wäre ein Teil von mir wieder sicher in mir angekommen.

Deep Dive ins Vertrauen:
Werde dein eigener größter Cheerleader

Deine Gedanken und Aussagen über dein Leben bestimmen zu einem Teil deine Realität. Sobald du dir dessen bewusst wirst, kannst du dein Glück in die eigene Hand nehmen. Unsere Aufmerksamkeit wird auf die Dinge gelenkt, denen wir in unserem Kopf Gehör schenken.
Je mehr wir uns auf negative Dinge konzentrieren, desto weniger »Platz« haben wir für die positiven. Ändere deine Gedanken, um Teile deiner Realität zu ändern!
Diese Übung ist in drei Teile gegliedert, die dir dabei helfen, deine ureigene innere Kraft zu erkennen und in sie zu kommen. Bestimme selbst, wie tief du dich mit dem jeweiligen Aspekt auseinandersetzen möchtest und wie viel Zeit du dafür aufwendest. Viel Spaß!

1. Selbstreflexion

Dieser Teil hilft dir, eventuelle Probleme zu identifizieren und dich gleichzeitig selbst darin zu bestärken, dass es Dinge in deinem Leben gibt, die dir auf deinem Weg zur Seite stehen. Stelle dir dazu die folgenden Fragen:

- Welchen Traum von mir habe ich bisher noch nicht erfüllt?
- Wo in meinem Leben setze ich meinem Erfolg Bedingungen voraus? (»Wenn ich mein Studium beende, bin ich endlich etwas wert.«)

- Auf welche fünf Dinge, die ich erreicht habe, bin ich stolz?
- Welche Menschen bringen das Beste in mir hervor?

2. Selbstannahme

Dieser Teil kann dich dabei unterstützen, Unsicherheiten zu überwinden und alte, limitierende Gedanken mit neuen Glaubenssätzen zu überschreiben. Falls die Beispiele sich für dich nicht stimmig anfühlen, frage dich, was du als Kind gern von anderen gehört hättest. Sprich die folgenden Sätze nun laut oder in Gedanken aus und wiederhole sie in der kommenden Zeit immer mal wieder.

- Ich liebe und akzeptiere mich für alle Teile meiner selbst.
- Ich bin losgelöst von meinen vergangenen Fehlern.
- Ich verdiene es, geliebt zu werden, was auch immer ich erreiche.
- Ich habe einen Anspruch darauf, auch kleine Erfolge zu feiern.
- Ich habe den Mut, meinen Träumen zu folgen.

3. Selbstverwirklichung

Im letzten Teil der Übung geht es darum, Details über deine Träume zu erlangen, indem du sie visualisierst. Nachdem du etwas Zeit in der Traumrealität verbracht hast, schreibe auf, was du gesehen und gefühlt hast.

- Schließe nun deine Augen und atme tief in deinen Bauch. Stell dir vor: Du kannst nicht scheitern!
  Was würdest du heute noch in deinem Leben ändern?

Mut zahlt sich aus,
wenn man offen bleibt.

FRUSTRATION

WENN SICH DER UNTERGRUND BEWEGT

Der Kloß im Hals wächst mit jedem Mal, wenn ich eine Welle verpasse. Ich versuche, mich zusammenzureißen, aber in mir baut sich eine Wut auf, die danach schreit, sich zu entladen. Meine Hand trifft die Wasseroberfläche, doch die Wut türmt sich wie eine Tsunami immer mehr in meinem Inneren auf. Es bildet sich ein Druck in meinem Hals, der sich anfühlt, als würde er meine angestauten Gefühle nach oben drücken. Tränen beginnen, sich in meinen Augen zu sammeln, und die grünen Palmen verschwimmen im Hintergrund. Ich hole tief Luft, doch mein innerer Sturm ebbt nicht ab. Die anfängliche Freude wird von meiner Frustration überschattet, und ich fange an, zum Ufer zurückzukehren. Das Atmen fällt mir immer schwerer, während ich versuche, die Gefühle in mir unter Kontrolle zu bringen. Es fing doch alles so gut an, als ich mit positivem Mindset und voller Vorfreude in den Ozean gepaddelt bin. Eine selbstbewusste, starke Frau, die in ihrem Neon-Bikini den Ozean erforschen wollte. Doch mit jeder verpassten Welle verwandelte sich die extreme Freude am Surfen in extreme Frustration. Warum habe ich diese Wut in mir? Obwohl mein Verstand sich bewusst ist, dass es sich nur um verpasste Wellen handelt, lässt die Reaktion meines Körpers mich wissen, dass es unter dieser Wut um mehr als nur Surfen geht. Zurück am Strand lasse ich mich in den Sand fallen, wo das Gefühl des Versagens meine Gedanken rasen lässt: Ich gebe immer auf. Ich werde einfach nicht besser im Surfen. Was mache ich hier überhaupt? Alte Ängste und Selbstzweifel steigen in mir auf, die alle das Gleiche sagen: Ich bin einfach nicht gut genug.

Gerade in meiner Surfanfangszeit wurde mir schnell klar, dass meine Laune so unberechenbar sein konnte wie das Meer. Nichts anderes in meinem Leben hatte je zu so konträren Gefühlen geführt wie das Wellenreiten. Mit strahlenden Augen und Dauergrinsen kam ich den einen Tag aus dem Wasser, um am nächsten als über Dreißigjährige einen Heulkrampf am Strand zu bekommen. Dabei konnte es durchaus vorkommen, dass ich mich so in meine Wut hineinsteigerte, dass ich am liebsten mein Board auf den Steinen zerschmettert hätte. Warum Surfen mich so an meine emotionalen Grenzen bringen konnte, blieb mir lange ein Rätsel. In frustrierenden Momenten wurde die Kontrolle, die mich sonst so sehr auszeichnete, unter dem Gewicht der Enttäuschung zunichtegemacht.

Auch heute noch berühren mich Wellen wie nicht viel anderes im Leben, doch meine Zeit im Ausland hat mir geholfen, meine Balance zu finden. Wellenreiten ist die einzige Sportart, wo sich der Untergrund bewegt – und ich mich mit ihm. Die Wellen bleiben nie stehen, und es steht nicht in meiner Macht, sie anzuhalten. Sie rollen weiter, unaufhaltsam. Wo ich bei anderen Sportarten nicht gefordert wurde, konnte mir die Wut beim Surfen beibringen, den Kontrollverlust zu akzeptieren und mich der Situation hinzugeben. Manchmal wollte ich dem Meer einfach entgegenrufen: »Bleib doch mal stehen und gönn mir eine Pause«, doch die Bewegung blieb, jeden Tag und jede Nacht. Der Spruch »*You can't stop the waves, but you can learn how to surf*« gab mir wenig Trost in den Momenten, wenn der Untergrund sich bewegte und ich mich nur nach Stabilität sehnte.

Mein Mann und ich versprachen uns gegenseitig in unseren Traureden, uns an unsere geteilte Leidenschaft zur Bewegung zu erinnern und liebevoll auf Trab zu halten. Unsere Beziehung war nicht unwesentlich von unserer Liebe zum Aktivsein geprägt. Wir beide konnten schon als Kinder selten stillsitzen und hatten uns bevorzugt den ganzen Tag über mit körperlichen Aktivitäten beschäftigt. Mein Mann war als Jugendlicher Basketballprofi gewesen, es war eine Sportart, die ihm damals regelrecht zuflog. Durch seine Körpergröße und seine athletische Statur war es ihm leichtgefallen, schnell Fortschritte zu machen. Doch eine wirkliche Liebe zum Basketball konnte ich in ihm nicht ausmachen. Die Sportart machte ihm Spaß, und obwohl es im Wettkampf auch mal emotional wurde, fehlte echte Leidenschaft.

Als ich ihn in Deutschland kennenlernte, war er gerade dabei, seine Begeisterung für das Windsurfen auszuleben. Dies stellte direkt eine Verbindung zwischen uns her. Als er das erste Mal von der Bewegung des Windes und des Boards auf dem Wasser redete, erkannte ich dieselbe Liebe wieder, die ich im Ausland zum Wellenreiten gefunden hatte. Bei einem unserer ersten Dates wollte er mich zum Windsurfen mitnehmen. Wir fuhren fast eine Stunde lang auf der Suche nach Wellen an der norddeutschen Küste entlang, und die Enttäuschung war groß, da der Wind nicht ausreichte. Als dieser sonst so ausgeglichene Typ beim Anblick des windstillen Ozeans den Tränen nahe war, bemerkte ich die gleiche Enttäuschung an ihm, die ich manchmal beim Surfen empfand. Ich spürte, dass ich ihn

in meine Welt des Wellenreitens einladen wollte. Viel Überzeugungskraft brauchte ich nicht, denn auch er wurde schnell von den Wellen berührt. Das Windsurfen rückte zunehmend in den Hintergrund, und sein Herz brannte fortan immer mehr für die Wellen.

Manchmal denke ich, dass mein Leben einfacher gewesen wäre, hätte ich mir eine andere Sportart ausgesucht. Doch dann sehe ich die rohen Emotionen und die Leidenschaft für das Wellenreiten und weiß, wieso das Surfen mich so sehr in seinen Bann gezogen hat. Auch heute noch bewegen mich die Wellen, sie frustrieren mich und fordern mich heraus – doch jede Minute, die ich am oder im Ozean verbringe, ist es wert, und ich bin dankbar, dass das Wellenreiten mich in meinem norddeutschen Kaff gefunden hat.

GROSSE FREUDE – GROSSE ENTTÄUSCHUNG

Wie nahe Freude und Frustration wirklich beieinanderliegen, wurde mir wie ein Spiegel vor das Gesicht gehalten, als ich meinem Mann beim Surfenlernen zusah. Mir wurde klar, dass jedes Mal, wenn wir uns auf eine Wellenreitsession vorbereiteten oder einen Surfurlaub buchten, unsere Freude auf der gleichen Stufe wie die potenzielle Frustration stand. Es kam mir fast vor, als wäre das Potenzial wütend zu werden, exponentiell zu dem Level der Freude, die sich aufgebaut hatte. Tagelang konnten wir den Surfbericht studieren, um den perfekten Tag für unseren Trip zu finden. Dann den Wecker auf 3 Uhr morgens stellen, in dunkler Kühle ins Auto steigen und den Wetsuit mit der Autoheizung vorwärmen. Das Gefühl, an einem Strand anzukommen, wo die Wellen weniger als ideal waren, war, wie den besten Freund zu treffen, der einem zur Begrüßung den Mittelfinger entgegenstreckt. Die Wechselhaftigkeit, die ich in diesen Momenten erkannte, ließ anfangs Fragen in mir aufsteigen: Was heißt das für mein Leben? Kann ich mich zu stark freuen? Kann ich Surfen zu sehr lieben? Muss Leidenschaft unterdrückt werden, um Wut und Frustration zu vermeiden? Vielleicht existierte die Wut ja auch nur wegen der Leidenschaft. Nach vielen Jahren, in denen ich beide Gefühle innig kennengelernt hatte, wurde mir klar:

Je mehr du dich an deine Erwartungen und Ideen klammerst, umso mehr wird dich eine Situation enttäuschen, wenn sie diesen nicht entspricht.

Anfangs fiel es mir schwer, diese Lehre zu akzeptieren. Die Unbeständigkeit des Ozeans machte es praktisch unmöglich vorauszusagen, mit welchem Gefühl ich das Wasser verlassen werde. Auch wenn die Tide, also der Wasserspiegel, der Wind und die Wellenhöhe ideal zusammenarbeiteten, war die Surfsession nicht immer perfekt. Die Menschen, die mit mir zusammen im Wasser sind, haben auch heute noch einen maßgeblichen Einfluss auf mein Erlebnis, auch wenn ich versuche, mich nur auf mich und die Wellen zu konzentrieren.

Oft verändert sich beispielsweise meine Stimmung, wenn ich Tipps von Männern bekomme, die mir ihre Kenntnisse ungefragt aufdrängen wollen. Hier eine typische Situation: Ich sitze im Meer und »koche meine Suppe«, das heißt, ich rühre mit meinen Armen einfach nur im Wasser herum, während ich auf die nächste Welle warte. Ich schaue mich um und sehe in der Distanz eine Frau, der ein tolles Manöver auf der Welle gelingt, was mich leise in mich hineinlächeln lässt. Gut gelaunt und voller Vorfreude warte ich auf eine Welle, deren Ritt eine ganze Ladung Wohlfühlhormone in mir ausschütten soll. Noch gestern hatte ich an diesem Spot die tollsten Wellen bekommen und hoffe nun, eine ähnliche Session zu haben. Nach einigen verpassten Wellen und langer Wartezeit zwischendurch nimmt meine Geduld langsam ab, und als ich schließlich die perfekte durch das Line-up rollende Welle verpasse, spüre ich, wie Gereiztheit in mir hochkocht. Eigentlich weiß ich, dass jeder schlechte Tage hat und dass das Meer niemals die gleichen Bedingungen bietet. Doch meine Erwartungen an diesen Surf sind groß, weil ich immer noch die Euphorie spüre, die ich am Tag zuvor erlebte. Als ich nach der verpassten Welle zurück ins Line-up paddele, versuche ich meinen enttäuschten Gesichtsausdruck unter Kontrolle zu halten und mich auf mich selbst zu konzentrieren. Als hätte ein Surferdude meine Emotionen gerochen, nutzt er die Chance, zu mir zu paddeln und einen Small Talk zu beginnen. Ich bin partout nicht in der Stimmung dafür, höre aber dennoch, wie er das Gespräch mit den Worten »Dein Board ist zu klein für dich« und »Du liegst zu weit hinten auf ihm« einleitet. Mit einem breiten Samariterlächeln scheint er zu genießen, dass er mir mit seinem Rat geholfen hat. Ich bin im ersten Moment perplex und antworte nur mit einem angedeuteten Nicken. Dieses »zu kleine« Board ist mein Baby, mein Lieblingsboard, das ich mir nach stundenlangem Abwägen ausgesucht habe und mit dem ich sehr erfolgreich Wellen auf der ganzen Welt geritten bin. Sein Kommentar macht mich sauer und trifft mich mehr, als mir lieb ist.

Derartige Situationen habe ich schon viel zu oft erlebt. Ob es sich nun um »Beschützerinstinkt«, einen lieb gemeinten Rat für die »Surfanfängerin« oder einen fehlgeleiteten Flirtversuch handelte: Tatsache ist, dass ich nicht nach seiner Meinung gefragt hatte, die auf der Annahme beruhte, dass ich eine schlechtere Surferin war. Er kannte weder mich noch meine Surfskills und konnte sich folglich keine Meinung bilden. Diese

Tipps sind oft Floskeln, die gern benutzt werden, um den hilflosen Frauen beim Surfen zu helfen. Und auch wenn ich keine professionelle Surferin bin und in Bezug auf mein Können noch viel Luft nach oben ist, habe ich die Berechtigung, einfach im Wasser zu sein und Spaß zu haben.

Wie in dieser Situation fühlte es sich manchmal an, als ob meine sonst so sichtbare Selbstsicherheit im Wasser einfach verschwinden würde. Oft fragten wir weibliche Surfer uns, ob wir jemals von Männern ernst genommen werden würden oder ob man uns trotz unserer Leistungen immer als ein bisschen fehl am Platz ansähe. In einer Welt, in der fast jede Frau von anderen Menschen unterschätzt wird, möchte ich mit dieser Geschichte eines besonders hervorheben:

Lass dich nicht kleiner machen, als du bist,
und gib anderen den Raum, sich zu entfalten.
Es ist genug Platz für alle da.

WAS DICH ZURÜCKKOMMEN LÄSST

Während ich stundenlang im Wasser herumpaddle, ohne eine einzige Welle zu bekommen, versuche ich, meiner altbekannten Frustration keinen Raum zu geben. Ich weiß: In dem Moment, in dem ich mich von meinem Board löse und die Welle reite, verpufft sie. Doch an manchen Tagen bleibt das Endorphinhoch aus, das der Ritt auf der Welle in mir auslöst, und ich finde mich am Strand wieder, den Tränen nahe und den Kopf voller Zweifel.

Was bringt mich immer wieder zurück ins Wasser? Wieso komme ich stets an diesen Ort, der in mir die verschiedensten

Gefühle aufsteigen lässt? Manche sagen, es sei die Energieübertragung des Ozeans, die uns Surfer bewegt. Weit draußen bläst der Wind auf das Meer und wird der Energie des Seegangs zugeführt. Wassermoleküle geraten so in Bewegung. Kilometerweit reist die Welle nun über den Ozean, wobei sich die Energie über die Distanz immer weiter aufbaut, bis sie sich schließlich am Ufer entlädt. Doch nicht nur in der Brandung wird die Energie freigesetzt, es kommt auch zu einer Übertragung auf das Surfboard. Bei richtiger Paddeltechnik nimmt der hintere Teil des Boards die Energie auf und gibt dem Surfer den nötigen Schwung und Auftrieb, um aufzustehen. Bei fehlender Körperspannung kann der Energieschub einen auch einfach vom Board befördern, mit richtiger Technik und etwas Glück kommt es aber zu einem Ritt auf der Wellenenergie. Nun könnte man sagen, dieses Phänomen ist nichts anderes als simple Physik. Wenn man jedoch einen langjährigen Surfer fragt, was das Meer zu bieten hat, wird man meistens eine andere Antwort bekommen.

> Das Meer hat etwas Unbezwingbares,
> Starkes und gleichzeitig Beruhigendes.
> Es ist magisch. Diese Energie beim Surfen
> zu spüren ist fast schon süchtig machend.

Surfen hat nicht nur einen spirituellen Aspekt und unterstützt die generelle Fitness, sondern wird auch als Therapieform genutzt. Auf den Wellen zu reiten hilft, den Geist zu entspannen und alle Arten von Stress abzubauen. Der Surfer ist im Hier und Jetzt vollkommen präsent mit dem Ozean und sich selbst.

Wenn diese Gegenwärtigkeit fehlt, kommt es häufig zu gefährlichen Situationen oder Unfällen. Deswegen liegt der Fokus immer auf dem Augenblick. Bei wenigen anderen Sportarten

SPORTALM

muss man so aufmerksam und im Moment sein wie beim Wellenreiten. Da die Umgebung in ständiger Bewegung ist, fordert jede Minute im Wasser die volle Aufmerksamkeit.

Der Ozean darf dabei nicht aus den Augen verloren werden, denn das ganze Bild ganz sich augenblicklich verändern. Stell dir eine Basketballhalle vor, die sich bewegt, wo sich der Korb erst rechts und dann plötzlich links befindet, während auch der Boden unter den Füßen unruhig ist. Was für eine Konzentrations- und Reaktionsleistung würde das von dir fordern?

Beim Surfen spürt man die Bewegung des Wassers an Körper und Surfboard, der Fokus liegt dabei auf dem Horizont, denn von da kommen die Wellen angerollt. Nur Sekunden der Unaufmerksamkeit können dazu führen, nicht auf der Welle, sondern unter ihr zu landen. Wenn sie angerollt kommt, muss man im Bruchteil einer Sekunde entscheiden, wohin man sich bewegen will. Oft scheint es, als würde die sich formende Welle genau an der richtigen Stelle brechen, nur um Sekunden später in eine ganz andere Richtung zu rollen. Zentimeter können hier darüber entscheiden, ob man in den richtigen Positionen ist, die Welle zu reiten, oder ob man von seinem Brett geworfen wird. Was vom Strand mühelos und unbeschwert aussehen kann, ist in Wahrheit das präzise Nutzen von Erfahrung, Aufmerksamkeit und perfektem Timing. Letzteres gibt es nur, wenn man vollkommen im Moment ist.

Die Präsenz, die man sich dafür aneignen muss, ist unter anderem wohl der Grund, warum der stereotypische Surfer als entspannt und lebensbejahend angesehen wird. »Hang Loose« – der Surfergruß mit hawaiianischem Ursprung, der so viel bedeutet wie »Immer locker bleiben«, lässt den Eindruck aufkommen, dass Surfer die gelassensten Gesellen sind. Doch das ist nicht immer der Fall.

WELLEN – SELTEN UND KOSTBAR

Wie oft stand ich schon am Ozean mit dem Herzen voller Vorfreude und Hoffnung, nur um von der windigen Realität in schlechte Laune versetzt zu werden.

Dabei kommt es nicht selten vor, dass gerade aus dem Wasser kommende Surfer erzählen, dass die Wellen vor ein paar Stunden super waren. Scheinbar ist man als Surfer sehr häufig zur falschen Zeit am falschen Ort. Der Frust kommt dann schon bei der Suche nach den Wellen auf, wobei die sozialen Medien den Wellenneid noch verstärken. Da sehe ich die Storys von anderen Surfern, wie sie sich vergnügt in den Wellen tummeln, und bin selbst zum falschen Spot gefahren oder war einfach zu spät dort. Die eigenen Vorwürfe können mir dann schon mal den Tag verleiden, wenn meine Vorfreude auf einen guten Surf sich nicht erfüllt. Wieder einmal zeigt sich: Die Wellen richten sich nicht nach meinen Plänen oder dem Kalender, sondern kommen, wann sie wollen.

Die Aggression, die oft im Wasser herrscht, wird jeden Nicht-Surfer überraschen. Wenn es um gute Wellen und den besten Spot geht, wird im wahrsten Sinne des Wortes auch mal das Messer gezogen. Geprügelt wird manchmal schon im Wasser, führt dies keine Lösung herbei, geht es eben später an Land weiter. Und wenn es nicht körperlich ans Eingemachte geht, dann aber auf jeden Fall verbal. Ich hatte nur wenige Surfsessions, bei denen niemand sein Missfallen anderen gegenüber laut kundgetan hat. Dabei wird häufig herumgepöbelt, Schimpfworte fallen oder böse Blicke zugeworfen. Stress im Line-up und Wettbewerb unter Surfern gehört zu diesem Sport dazu. Beim Wellenreiten ist nicht nur das Wasser in ständiger Veränderung und Bewegung, sondern auch die Emotionen der Surfer: von größter Ausgelassenheit und Freude, auch »Surf Stoke« genannt, bis hin zu den rohesten Gefühlen der Wut und Enttäuschung.

Als ich noch ganz am Anfang stand, dachte ich, dass die Surfcommunity wie eine große Familie ist, in der Lächeln, Shaka-Grüße und Wellen geteilt werden. Während man sich in den ersten Wochen vielleicht nicht bewusst ist, welche Ausrufe und Gesten einem selbst bestimmt sind, kommt mit dem Lernen der Regeln auch die Erkenntnis, dass das friedvolle Surferdasein auch eine andere Seite hat.

Gerade in den ersten Jahren habe ich selten Frauen im Wasser gesehen, da Wellenreiten eher eine männerdominierte Sportart ist. Selbst im professionellen Bereich ist es Frauen erst in den letzten Jahren gelungen, eine Gleichstellung mit den männlichen Surfern zu erreichen. In den vielen Jahren des Wellenreitens habe ich persönlich die Dualität erlebt, der man als Surferin im Wasser ausgesetzt ist. Oftmals umgeben von 40 Männern habe ich anfangs jedem Mädchen zugelacht und zugewunken, da es sich anfühlte, als würde das Line-up die weibliche Unterstützung gebrauchen. Meistens war die Freude auch auf der anderen Seite, und es wurde nett zurückgegrüßt. Aber nicht immer. Es gab Situationen, da kam es zu einem regelrechten Hennenkampf. Wer war die bessere Surferin? Jede Art von Teamgefühl oder Schwesterlichkeit verschwand.

Bei dem Neid, den ich so häufig im Wasser zu spüren bekomme, ist der größte Einfluss der Umstand, dass Wellen eine limitierte Ressource sind. Sie brechen nicht in jedem Gewässer, hängen von der Saison und vom Tag ab. Es gibt die Möglichkeit, die Wellen gut vorherzusagen, doch wirkliche Gewissheit hat niemand. Aus eigener Erfahrung weiß ich, wie viel Energie und Zeit regelmäßiges Surfen von jedem Fanatiker verlangt. Dementsprechend kann ich die Frustration nachvollziehen, die bei vielen hochkommt, wenn nach stundenlanger Wellensuche, Umziehen und geduldig im Line-up-Sitzen eine verpasste Welle das Fass zum Überlaufen bringt. An mir selbst habe ich beobachtet, was passiert, wenn ich mich dieser Frustration hingebe: Die Gedanken werden schneller, das Selbstbewusstsein kleiner und die Laune mit jeder in diesem Zustand verbrachten Minute schlechter. Gefangen in einer negativen Denkweise, habe ich mir den ein oder anderen Tag durch einen schlechten Surf vermiesen lassen.

Ich kann mich noch genau an den Nachmittag erinnern, an dem eine französische Surferin ihre Krallen gegen mich ausfuhr. Mit nicht vielen anderen Leuten im Wasser und keinen weiteren Frauen um uns herum fing sie an, mich anzuschreien. Meine Gedanken rasten in der Suche nach einem Moment, in dem ich eventuell die Surfetikette verletzt haben könnte. Reden war hier nicht möglich, der Hass, den sie mir regelrecht entgegenschleuderte, unerwartet und erschreckend. Ich hatte keine Ahnung, was ich falsch gemacht hatte, aber ihr Mobbing brachte mich dazu, weinend zum Strand zurückzupaddeln. Obwohl mir der Grund für ihre Tirade bis heute nicht klar ist, habe ich über die Jahre bei so manchen Surferinnen eine Denkweise beobachtet, die auch in anderen Bereichen des modernen Lebens deutlich wird: Wer Erfolg haben will, muss sich der Masse anpassen. Und wer in dieser sehr konkurrierenden Sportart Wellen reiten will, muss Kampfgeist entwickeln. Ich musste lernen, wie ich Teil dieser ungeschriebenen Regeln werden konnte, ohne mich in der manchmal toxischen Atmosphäre selbst zu verlieren. Was einige Surfer nicht zu lernen schienen, wurde zu meiner Mission: die Emotionen des Neids oder der Wut zu akzeptieren, ohne sie andere spüren zu lassen oder mich selbst von ihnen runterziehen zu lassen.

> Sich selbst zu erlauben, in einer harschen Umgebung den Raum einzunehmen, der einem zusteht, muss man lernen.

Nun war ich niemals eine Frau, die sich für andere Leute klein machte. Schon meine Körpergröße von 183 Zentimetern machte das fast unmöglich. Doch die Aggression, die mir so häufig im Wasser entgegenschlug, brachte auch in mir Unsicherheiten hoch, die mein Selbstbewusstsein als Surferin und manchmal auch meine Freude am Wellenreiten beeinflussten. Über die Jahre lernte ich jedoch, wie ich als Frau meinen Platz im Line-up einnehmen konnte, ohne andere meine Frustration spüren zu lassen. Damit diese überhaupt nicht erst die Möglichkeit hatte, übermäßig groß zu werden, legte ich auch Wert darauf, mir die Aktionen meiner Mitsurfenden im Wasser nicht zu Herzen zu nehmen. Wenn man sich Situationen wie diese genauer anschaut, wird klar, dass man nur über wenige Aspekte des Surfens die Kontrolle hat. Das Wetter und die Bedingungen? Nicht in meiner Kontrolle. Die Reaktionen und Stimmungen anderer? Nicht in meiner Kontrolle. Wie viele Wellen ich bekomme? Teilweise in meiner Kontrolle, aber auch nicht immer. Das Einzige, was ich wirklich kontrollieren kann, ist meine Einstellung zu diesen Dingen. Meine Erwartungen zurückschrauben, gemeine Kommentare abprallen lassen und mich motivieren weiterzumachen: Dies sind Dinge, die mich weiterbringen.

AUFGEBEN ODER WEITERMACHEN

Beim genauen Beobachten von Wellen kann man mit einiger Übung eine Gesetzmäßigkeit erkennen. Egal ob klein oder groß, Wellen brechen auf drei verschiedene Arten. Entweder beginnen sie, von rechts zu brechen, dann wandert der weiße Schaum nach links. Das gleiche Brechen gibt es auch von links nach rechts. Als dritte Variante kommt noch der »Closeout« dazu, wenn die Welle einfach nur nach vorn bricht und in einer Linie in sich zusammenfällt. Diese Wellenart möchte jeder Surfer eher vermeiden, sie wird vor allem genutzt, um Anfängern die Basics beizubringen. Denn zu Beginn übt man vor allem das Aufstehen und surft im seichten Wasser geradeaus.

Ich habe viele Surfanfänger getroffen, die nach ein paar Wochen oder sogar Monaten im Wasser aufgeben wollten, weil die Frustration zu groß wurde. Manchmal kann es Tage dauern, bis man das erste Mal auf dem Brett steht, ohne direkt herunterzufallen. Wenn man jedoch lernt, Geduld zu haben, und langsam besser wird, eröffnen sich dem mutigen Surfer ganz neue Erlebnisse, die die Freude auf eine neue Stufe heben können. Dann gilt es, die ganze Welle auszunutzen und nach rechts oder links zu surfen, wo man mehr Geschwindigkeit aufbaut und auch mehr Adrenalin ausschüttet.

Nach einigen Monaten – oder bei anderen: einigen Jahren – bleibt der erfahrenere Surfer mit seinem Brett auf dem offenen Teil der Welle, gleitet auf und ab und maximiert so die Gesamtzeit des Ritts. Durch einen sogenannten »Turn« kann man den Schwung vom Board nehmen, zur brechenden Stelle der Welle zurückkehren und mit einem weiteren Turn nochmals neu beginnen. So bewegt man sich reitend auf der Welle, bis ein Hindernis im Weg steht oder die Welle in einer gerade Linie in sich zusammenbricht. Die anfängliche Unsicherheit verwandelt sich dabei allmählich in einen Tanz mit dem unzähmbaren Element Wasser, getragen von der Energie der brechenden Welle. Manchmal geht dieser Tanz in Harmonie und Geschlossenheit vor sich, sodass das bloße Zuschauen bei mir Herzklopfen auslösen kann.

Ich weiß nicht, wie mein Leben heute aussehen würde, hätte ich damals unter den schwierigen Gegebenheiten als Anfängerin aufgegeben, statt aus meinen Fehlern zu lernen. Ich glaube fest daran, dass Fehler da sind, um gemacht zu werden, und dass Selbstreflexion ohne Vorwürfe das Fundament für große Dinge ist. Als ich nun von meiner dreißigsten Welle herunterfiel, hatte ich zwei Möglichkeiten: mich entweder von meiner Frustration runterziehen lassen oder mich auf die Freude konzentrieren, die ich auch verspürte. Ich schaute auf die anderen Surfer, die viel weiter draußen im Line-up mit einer unbeschreiblichen Geschwindigkeit die Wellen ritten und selbst nachdem sie herunterfielen mit einem breiten Grinsen wieder hinauspaddelten. In diesem Moment traf ich die Entscheidung, dass dies eines Tages ich sein werde. Der einzige Unterschied zwischen Weitermachen und Aufgeben lag in der Entscheidung, auf mich zu vertrauen, anstatt die dreißig Wellen, von denen ich gefallen war, als Beweis zu sehen, dass ich es nicht schaffen konnte.

> Fehler zu machen bedeutet nicht, dass du schwach bist oder deine Träume niemals verwirklichen wirst. Es geht darum, aus Fehlern zu lernen. Und ehrlich genug zu sein, Probleme zu erkennen und zu sehen, in welche Richtung du ab jetzt gehen solltest.

Hätte ich damals meine Frustration als Zeichen genommen, dass es keinen Sinn hat weiterzumachen, wäre diese Denkweise automatisch zur Realität geworden. Ohne aus seinen Fehlern zu lernen, stagniert man und hat keine Chance, sein Ziel zu erreichen. Nimmt man jedoch in Kauf, dass man für einige Zeit nicht perfekt sein wird und sich sogar lächerlich machen kann, gibt es Hoffnung, sein Ziel zu erreichen. Diese Einstellung hat dazu geführt, dass ich mich durch meine eigenen Frustrationen nicht runterziehen lasse. Stattdessen bestärken sie mich sogar, noch motivierter weiterzumachen, denn was habe ich zu verlieren?

Das größte Problem, das auch ich überwinden musste, ist die Illusion, dass alles sofort passieren muss. Auch nach Jahren des Wellenreitens kann der Flow, den geübte Surfer im Wasser an den Tag legen, manchmal einfach nicht vorhanden sein. Wenn man versucht, den Gesetzen der Surftechnik zu folgen, kann aus dem schwerelosen Tanz schnell der ungelenke Versuch werden, die Wassermassen zu beherrschen. Oft fällt man mehr, als die Welle zu reiten, und es fühlt sich an, als würde man Schritte rückwärts machen, statt sich zu verbessern. Dieser Prozess kann ziemlich an den Nerven ziehen und die Frustration überhandnehmen. Wie soll man ihm vertrauen, wenn man aus seinen Fehlern gelernt und seine Technik angepasst hat, und die Veränderungen trotzdem keinen Einfluss auf das Können zu haben scheinen? Die Antwort darauf habe ich oft im Gespräch mit Freunden und der Familie gefunden, die mir eine Perspektive anbieten konnten, die mir selbst verschlossen war: »Schau, wie weit du schon gekommen bist.« Da ich mein eigener größter Kritiker sein konnte, war häufig schnell vergessen wo ich nur Jahre zuvor stand. Ob es nun um das Studieren, Surfen oder die Probleme des Auswanderns ging – regelmäßig sah ich nicht das ganze Bild, sondern war gefangen in Gefühlen der Frustration und Ungeduld. Wenn ich jetzt einen Schritt zurücktrete und mir erlaube zu sehen, wie sehr ich in diesem Leben schon gewachsen bin, wird mir bewusst, dass die Dinge, die für mich bestimmt sind, auch passieren werden. Was ich im Hier und Jetzt machen kann, ist dies: den Weg und die Fehler genießen und daran glauben, dass sich alles regeln wird.

FRUST ALS MOTOR

Über die letzten zehn Jahre habe ich versucht, meinen Körper dazu zu bringen, das meiste aus einer Welle zu holen. Dennoch merke ich: Die größte Veränderung fand in meiner Denkweise statt. In Situationen, in denen ich auf Bali mein Board am liebsten kaputt gemacht hätte, reagiere ich nun mit mehr Gelassenheit. Meine frühere Frustration hat mir geholfen zu wachsen. Diese Veränderung fing an, als ich mich nach meinen Surfsessions fragte, woher der Frust in mir kommt. Ob der Vergleich mit anderen meinen Wettkampfgeist enttäuscht hatte oder die Wahrnehmung meines eigenen Fortschritts mir nicht genügte, alle Gründe waren immer haltlos. Keine meiner Frustrationen war wirklich gerechtfertigt. Stattdessen war es nur meine subjektive Bewertung einer Situation – und diese konnte ich ändern. Dabei half mir der Spruch »Der beste Surfer ist der, der am meisten Spaß hat«.

Ein Gedanke, den ich häufig beim Betrachten ruhiger Wellen habe, ist dieser: Der Ursprung dieser glatten, sanften Wellen liegt nicht etwa in Sanftheit und Ruhe. Es braucht einen Sturm auf dem offenen Meer, um genügend Energie zu erzeugen, die über diese lange Entfernung aufrechterhalten werden kann. Auch wenn die Wellen einen friedvollen Anschein haben, liegt ihr Ursprung im Chaos. Was mir häufig in frustrierenden Momenten half, war der Gedanke, dass diese Situation genau wie die Wellen vor mir einen anderen Ursprung hatte. Oft geht es bei Wut nicht um die Situation, die dieses Gefühl hervorgerufen hat, sondern es entlädt sich die Gewalt eines ganzen Sturmes, der unter der Oberfläche geschlummert hatte. Dinge sind nicht, wonach sie aussehen, und die Antwort auf die Frage, wo intensive Gefühle plötzlich herkommen, ist meist in lange vergangenen Situationen zu finden, die sich zu dem Zeitpunkt nicht entladen hatten.

Es war also fast eine Kunst, einfach nur Spaß zu haben, ohne die Surfbedingungen oder meine Leistung zu kritisieren. Denn wie viele andere Menschen trug auch ich mit vergangenen Erlebnissen verbundene Gefühle in mir, die noch nicht völlig verarbeitet unter der Oberfläche ruhten und darauf warteten, ans Tageslicht zu gelangen.

Dinge zu nehmen, wie sie kommen, und die eigene Laune nicht von äußeren Umständen abhängig zu machen, ist eine Lebenseinstellung, die nicht einfach gegeben ist. Du musst sie dir aneignen.

In manchen Surfsessions ist auch einfach der Wurm drin. Ich falle gleich beim Aufstehen vom Board, suche mir ein unsurfbares Closeout aus, und meine Arme geben nach wenigen Minuten schon auf. Unter diesen Bedingungen ist es schwer, sich auf den Tanz mit den Wellen einzulassen, und mit dem Ungleichgewicht auf ihnen kommt es auch schnell zum Verlust der inneren Balance. Trotz jahrelanger Erfahrung ist mein Surfen auch heute noch geprägt von Frustration – zumindest ab und zu.

Eine Nebenwirkung davon, dass ich auf mein Auf und Ab zwischen Wut und Freude aufmerksam wurde, war, dass ich die Frustration in Antrieb verwandeln konnte. Im Hinterkopf wusste ich, wie gut es sich anfühlen würde, ein bestimmtes Manöver zu meistern, denn Surfen löste auch Jahre später noch den gleichen Rausch in mir aus, wenn ein Wellenritt gut gelaufen war. Mit einer Umstrukturierung meiner Denkweise war es möglich, meine Einstellung von »Du hast es schon wieder nicht geschafft, das solltest du doch jetzt mal auf die Reihe kriegen« zu »Nächstes Mal versuche ich es anders, dann klappt es vielleicht« zu wandeln. Auch wenn die Gefühle zwar geblieben sind, hat sich mein Umgang mit ihnen drastisch verändert. Statt ihnen ausgeliefert zu sein, konnte ich lernen, sie als Ressource für Wachstum zu nutzen.

Meine Frustration war unter anderem der Grund, warum ich mich immer mehr mit Mobility und Fitness auseinandersetzte. Ich suchte nach Möglichkeiten, mich nicht nur besser zu fühlen, sondern auch im Surfen Fortschritte zu machen. Dabei entdeckte ich Dinge, die mir Spaß machten und zugleich auch meine mentale und körperliche Fitness verbesserten. Schnell erkannte ich, wie wichtig Flexibilität zum Vorbeugen von Verletzungen und generelle Fitness für Muskel- und Schnellkraftaufbau waren.

Ich begann, mit einem Surfskateboard zu trainieren, einer bestimmten Art Skateboard mit loser Vorderachse, die einem das Gefühl gibt, auf dem Asphalt zu surfen. So konnte ich bestimmte Bewegungsabläufe auch ohne Wellen üben, und mein Gefühl für das Zusammenspiel von Oberkörper und Armbewegungen nahm zu. Während man auf der Welle meistens nicht viel Zeit hat, Dinge auszuprobieren, war der Zeit auf dem Skateboard keine Grenzen gesetzt. Ich konnte spüren, wie es reagierte, wenn ich meine Hand nach innen drehte oder meine Schultern öffnete. Einfache Mechanismen, die ich mir an- oder abgewöhnen musste, wurden mir klarer, sodass ich das Ergebnis anschließend auch auf das Surfen im Ozean übertragen konnte. Das Wichtigste, was ich aus dieser Zeit lernte, war, dass es immer um das große Bild geht. Mit meinem Fokus ausschließlich auf dem Wellenreiten hatte ich mich und meine Entwicklung eingeschränkt. Hätte ich schon früher danach Ausschau gehalten, was es um das Surfen herum noch gibt, dann wäre es vielleicht gar nicht erst zu Frustrationen gekommen.

Stretching und Mobility hatten einen immensen Einfluss auf meine Flexibilität, die ich als überdurchschnittlich große Person schon als Kind niemals besaß. Der Aspekt der geistigen Auszeit, die ich in den Minuten auf der Matte hatte, war mir dabei anfangs gar nicht so wirklich bewusst. Vielmehr sah ich das Beweglichkeitstraining als Mittel zum Zweck und hatte vor, meinen müden Muskeln eine verdiente Pause vom Surfen zu geben. Was ich jedoch schnell merkte, war, dass auch mein Kopf eine Ruhepause einzulegen schien und ich in einer gestressten Situation oft auf meine Atemübungen zurückgriff.

In diesem Kapitel meines Lebens ging es im Nachhinein darum, von der starken Fokussierung auf das Surfen allein wegzukommen und zu erkennen, was mein Körper wirklich brauchte. Zu diesem Zeitpunkt hatte ich nämlich eine »Surfer-Rippe« entwickelt, was das Liegen, Schlafen und sogar Husten schmerzhaft machte. Als meine Schwester mich damals auf Bali besuchte, sah ich ihren schockierten Ausdruck, als sie mein Schlafritual beobachtete: auf dem Rücken liegend, mit stützenden Kissen an beiden Seiten, die Hände über der Brust gefaltet wie Schneewittchen im gläsernen Sarg. Die Schmerzen ließen bei vielen Surfs eine neue Art von Frustration aufkommen, die mir meine physischen Grenzen aufzeigte und mich dazu brachte, andere körperliche Aktivitäten auszuprobieren, die einen positiven Einfluss auf meine Schmerzen und somit auch auf das Wellenreiten hatten.

Die vielen Facetten dieser Frustration führten dazu, dass ich eine neue Beziehung mit der Emotion Wut entwickelte. Als Kind hatte ich nicht gewusst, wie ich mit der Wut anderer oder meiner eigenen umgehen sollte. Wenn es um mich herum laut wurde, hatte ich die inneren Gefühle abschalten und mich unter einer warmen Decke verkriechen wollen, um der Situation zu entgehen. Auch hatte ich nie gelernt, wie diese starken Gefühle ausgedrückt werden konnten, und das Verlangen, mein Board an den Steinen zu zerschlagen, wollte ich aus Scham später nicht noch einmal durchleben.

Wütend sein ist bewegend. Es zeigt dir, was du brauchst und ohne was du besser dran wärst. Es zeigt dir, wo du dich entspannen musst und wo du deine Energie verschwendest. Es ist der Antrieb, den du benötigst, um dich zu verbessern oder deinen Träumen zu folgen.

Stagnation ist das Gegenteil von Wachstum, und frustriert zu sein lässt mich die Dinge verändern, die mir nicht passen. Obwohl ich zugeben muss, dass ich es immer noch nicht mag, wütend zu sein, hat es zu den größten Durchbrüchen und Veränderungen in meinem Leben geführt, die mich jetzt noch beeinflussen. Es war die Wut auf meine eigene Perspektivlosigkeit nach dem Abi, die mich ins Ausland trieb, um einige der dabei entstandenen Wunden zu heilen. Der Schlüssel war, mich für meine Gefühle nicht selbst zu verurteilen, sondern sie als Wegweiser zu sehen. Durch viel Aufmerksamkeit und Reflexion konnte ich die Dinge finden, die mein Leben schwerer machten, als es sein musste. So schaffte ich es, aus einst unangenehmen Emotionen ein am Ende positives Gefühl entstehen zu lassen. Nach einer nicht so tollen Surfsession bemerkte ich zwar meine negativen Gefühle, sagte mir jedoch: »Ich hatte zwar keine gute Welle, habe aber meine Paddelkraft verbessert und Zeit auf dem Ozean verbracht.« Wenn ich anfange, ein Level der Frustration zu spüren, das womöglich meinen Tag verdirbt, kann ich mir die einfache Frage stellen: »Wer wäre ich OHNE diesen Gedanken?« Denn mit jedem

Gefühl geht ein Gedanke einher, der das Gefühl wie ein Feuer anschürt. Schalte ich die negativen Gedanken ab, schalte ich den Großteil der erzeugten Wut ab. Was unter der Maske der Wut steckt, ist meistens eine Angst, der ich mich zuwenden kann. Unter all dem Toben und Stampfen schlummert oft ein Teil, der Angst hat, nicht genug zu sein. Einen schlechten Surf zu haben bedeutet dann nicht nur, dass ich Pech oder einen schlechten Tag habe, sondern ich rede mir ein, dass ich niemals richtig surfen lernen werde. Gepaart mit diesen negativen Gedanken, die ich in diesem Moment zulasse, kann ich mich schnell in Tränen am Strand wiederfinden, wo ich dann plötzlich mein Auswandern nach Bali hinterfrage. Hier geht es um viel mehr als ein paar verpasste Wellen. Hier geht es um die Teile in mir, die geheilt werden wollen, und darum, dies zu hören und zu erlauben. Immer wieder habe ich gemerkt, wie ein Blick auf die Wurzel meiner Wut die Wogen glätten und mich daran erinnern kann, dass Frustration und Wut ein Motor für etwas Gutes sein können.

Duck Dive aus der Frustration

Es gibt keine Zauberformel, um Frust einfach wegzuwischen. Aber wir können mit der Zeit lernen, damit umzugehen, und dann können wir sogar einen Nutzen daraus ziehen. Meine Lehre vom Meer über Frustration:

Wenn du gegen die Strömung paddelst und sich das Ziel endlos weit entfernt anfühlt, halte deinen Kopf über Wasser. Nimm einen tiefen Atemzug und schau, wie weit du schon gekommen bist. Rolle die Schultern zurück und lass die negativen Gedanken davonfließen. Wirst du von einer weiteren Welle überrollt, dann lass dich nicht von deiner Wut dazu treiben, zum Strand zurückzupaddeln, sondern nutze die Energie dazu, um deine Hindernisse zu überwinden. Bringt dich die Strömung am Ende doch zum Strand zurück, dann sei sanft mit dir und erinnere dich daran, dass manche Bedingungen nicht in deiner Gewalt liegen. Lass alle selbstkritischen Gedanken los. Ob du jetzt nach Hause fährst oder erneut rauspaddelst, vergiss nicht: Du bist toll, und versagen kann nur, wer glaubt, dass es in diesem Leben ums Gewinnen geht.

XCEL

MUT

MUT ZU WACHSEN

Meine Augen fixieren einen Punkt im Meer, an dem sich in Millisekunden ein Berg aus Wasser aufgetürmt hat. Ich weiß, dies wird meine Welle sein. Mein Körper scheint sich schon vor meinem Kopf entschieden zu haben, denn mein Board ist bereits in die richtige Richtung gedreht, und meine Arme fangen an zu paddeln. Mein Blick ist auf die sich aufbäumende Welle fixiert, die wie ein Zug auf mich zugerast kommt, während ich ihr unbekümmert meinen Rücken zudrehe und mich auf den »Drop« vorbereite. In meinem Kopf schwebt nur ein Gedanke, der sich stetig zu wiederholen scheint: Jetzt gibt es kein Zurück mehr. Meine Hände erheben sich über die Wasseroberfläche und greifen die Kanten meines Surfboards. Ein schneller Blick zur Seite lässt vor meinem inneren Auge die Spur erscheinen, die es auf der Welle nehmen wird. Ein kurzer Blick nach unten lässt mein Herz bis zum Hals schlagen, und meine Hände zittern. Die sich mir bietende Aussicht sendet meinem Körper Signale, sich in Sicherheit zu bringen, denn ich blicke drei Meter tief in eine Schlucht aus Wasser. Sie entfaltet eine Wucht, die mich jede Sekunde nach unten zu ziehen droht. Doch ich habe keine Zeit, meine Entscheidung zu hinterfragen. Zwar kann ich mich immer noch anders entscheiden und versuchen, mein Board aus der Welle zurückzuziehen, aber das birgt auch das Risiko, von ihr mitgerissen zu werden. Mein Körper weiß eigentlich schon, was er tun muss. Fast automatisch finde ich die richtige Sekunde, in der ich mich schwungvoll aufs Board manövriere. Und dann: der Drop. Ein freier Fall, mitten in der Bewegung des Aufstehens, während sich die Welle weiter ihren Weg zum Strand bahnt. Ein Gefühl des Schwebens, während ich mich wie in Zeitlupe mit meinem Board unter den Füßen der Energie der Welle hingebe und auf ihr surfe. Mein Versuch, nur im Moment zu sein, wird lediglich von rasenden Gedanken unterbrochen, die einfach durch mich durchfließen, ohne registriert zu werden. Auch wenn mein Inneres mich anschreit zu fliehen, die Entscheidung, diese Welle anzupaddeln, hat einen unausgesprochenen Vertrag besiegelt, der Welle bis zum Ende mein volles Vertrauen zu geben.

Mut muss man als Surfer in den verschiedensten Situationen beweisen. Allein schon bei einem Spot hinauszupaddeln kann Überwindung kosten, denn die Wellenenergie nimmt einen immer wieder mit zum Land zurück. Unter den Wogen durchzutauchen kann schnell zu einem regelrechten Kampf werden, um auch nur ins Line-up zu kommen. Ebenso fühlen sich die Dimensionen im Wasser anders an, wenn die Wellen einem auf Augenhöhe begegnen. Vom Land aus ist es schwer, sie einzuschätzen, denn oft wird einem ihre Größe und Kraft erst im Wasser bewusst. Es ist für mich eine immer wieder faszinierende Facette des Surfens, dass einem erst die körperliche Begegnung mit den Wellen, die Konfrontation mit dem Element und der Mut, sich in diese Situation zu begeben, die wirklichen Antworten geben. Oft stehen Surfer am Strand und fragen andere, wie die Wellen sind. Man kann sich den Ozean aus verschiedenen Perspektiven ansehen, doch die Situation wirklich zu verstehen schafft man erst, wenn man das Rauspaddeln wagt und zwischen den Wellen sitzt.

Eine Freundin nannte mich mal konfliktscheu, da ich Streit aus dem Weg ging und versuchte, die Wogen zu glätten, bevor es überhaupt zu einer Eskalation kam. Später erkannte ich, dass sie in gewisser Weise recht hatte, und wie viel Wachstum mir dadurch entgangen war, denn oft öffnen sich erst durch Reibung und Konfrontation neue Türen. Dabei hatte ich beide Facetten eigentlich schon in mir. Wo ich mich sonst so mutig in die Wellen stürzte, war ich im Konflikt mit anderen Personen eher zurückhaltend. Ich konnte mit Leichtigkeit vergessen, was die Konsequenzen, etwa eines gewagten Wellenritts, für mich selbst bedeuteten, doch wenn es andere Leute betraf, kam schnell Verlustangst hoch. Jedoch versuchte ich, für mich selbst eine Balance zu finden zwischen den mutigen Situationen und jenen, in denen ich mich zurückhielt.

Je älter ich wurde, desto mehr wurde mir bewusst, dass es auch nicht der richtige Weg war, sich ohne Überlegung in jede Welle zu stürzen und unerschrocken in jede neue Situation zu gehen. Ein gesundes Mittelmaß ist hier wohl wie bei so vielen anderen Dingen angebracht. Doch wo ist die Grenze zwischen Mut und Leichtsinn? Mutig zu sein ist für jeden Menschen etwas anderes: Für manche ist beispielsweise Auswandern ein leichtsinniges Unterfangen, während ich es als eine äußerst mutige Entscheidung einschätzte. Mut war für mich keine Ressource, aus der ich ständig etwas nehmen konnte, sondern eher nur in Momenten aufrufbar, wenn ich merkte, dass es nötig war, meine eigenen Grenzen zu testen. Denn er ist oft gefragt, wenn wir uns aus unserem kleinen Zirkel hinauswagen und wachsen wollen. In der gewohnten Umgebung ist alles sicher und vorhersehbar, es ist das Unbekannte, das uns herausfordert.

DIE KUNST DES DENKENS

In dem Moment, in dem ich mich für eine Welle entscheide, sage ich mir selbst: »Jetzt gibt es kein Zurück mehr.« Ich lasse nicht einmal den Gedanken zu, dass es auch eine andere Option geben könnte, sondern richte meinen Fokus ganz auf den Entschluss: diese Welle nehmen und mit den Konsequenzen später umgehen. Sobald ich meinen Gedanken auch nur die Möglichkeit gebe, nach Alternativen zu suchen, verliere ich den Fokus, den ich brauche, um es heil aus der Welle herauszuschaffen.

Je mehr ich vor dem Anpaddeln über die Bedingungen und die perfekte Position nachgedacht habe, desto weniger bin ich am Denken, während ich tatsächlich am Surfen bin. Plötzlich sind alle zielführenden Gedanken aus meinem Kopf gefegt, und auch wenn ich versuche, aktiv meine Gedanken zu leiten, habe ich dazu keine Chance. Der Instinkt hatte besonders in der Anfangszeit meines Surfens überhandgenommen, und ich verlor oft meinen Faden, sobald die Welle mein Board mit auf die unberechenbare Reise nahm. Meine Gedanken schienen einzufrieren, sobald sich meine Hände vom Brett lösten, selbst wenn ich noch so sehr versuchte, mich an die Tipps und Tricks zu erinnern, die das Reiten auf der Welle verbessern sollten. Als ich bereits ein paar Jahre Surferfahrung hatte, wurde ich gefragt: »Kannst du schon darüber nachdenken, was du gerade machst, während du noch auf der Welle bist?« Damals musste ich Nein sagen. Es fühlte sich so an, als ob mein Kopf einen Ein- und Ausschalter haben und während des Surfers zwischen beiden hin- und herwechseln würde. Der Einschalter war in den Momenten des Paddelns und Wartens auf die Wellen umgelegt. Jeder Gedanke wurde mitgenommen, bis sich unendlich viele Ideen überlappten und in einem Gedankenstrudel vermischten. Doch in dem Augenblick, wo ich eine Welle nahm,

wurde der Schalter umgelegt, und alle Gedanken waren schlagartig wie weggeblasen. Ein Wellenritt war jedes Mal wie ein Rausch, Zeit zum Denken blieb da nicht wirklich.

Manchmal konnte ich mich nicht einmal erinnern, was in der Zeit auf der Welle überhaupt passiert war und wie der Ritt endete. Es war fast, als wäre ich ans Ende der Welle katapultiert und jegliche Erinnerungen an die »Reise« gelöscht worden. Mit diesem Phänomen war ich aber nicht allein, denn auch meine Freundinnen konnten sich oft nicht daran erinnern, was auf ihrer Welle passiert war. Dies machte es viel schwerer, aktiv den Surfstil zu verändern oder neue Dinge auszuprobieren.

Viele Dinge laufen beim Surfen gleichzeitig und in Sekundenschnelle ab. Da ich umgeben von unaufhaltsamen Bewegungen war, auf die ich größtenteils keinen Einfluss hatte, war ein zielgerichtetes Denken, mit dem ich meine Körperbewegungen hätte kontrollieren können, fast unmöglich. Es war wie ein gedankenloses Sein im Moment, als würde die Welt stillstehen, obwohl eigentlich das Gegenteil der Fall war. Es dauerte Jahre, bis ich wirklich lernte, auch während des Surfens meine Gedanken zu kontrollieren und zu ordnen.

Diese nicht nur körperliche Kontrolle bringt ein neues Gefühl mit sich: Wenn ein Surfer eine Welle nimmt, genießt er den Augenblick, auch wenn er weiß, dass die Welle enden wird. Er genießt diese eine Woge in vollen Zügen mit der Sicherheit im Hinterkopf, dass der Ozean ihm immer neue geben wird. Es ist das vollkommene Im-Moment-Sein.

Als ich an dem Punkt angelangt war, an dem ich meine Techniken auf der Welle verbessern wollte, brauchte ich eine neue Strategie, um meine Ziele zu erreichen. Jemand hatte mir mal erzählt, dass der Verstand der größte Zauberkünstler sei, der in jeder Situation dabei ist, ob man sich dessen bewusst ist oder nicht. Beim Surfen lernte ich nun meinen Verstand und meine Gedanken immer besser kennen und diese auch zu leiten. Meine Strategie war es, ein oder zwei wichtige Wörter stetig im Kopf zu behalten. Eine Freundin und ich suchten dafür zwei aus, die wir während des Rauspaddelns mit jedem unserer Züge laut aussprachen: »Cut« und »Back«. Als der rechte Arm paddelte, riefen wir »Cut«, und beim linken folgte »Back«. Ein »Cutback« ist ein Surfmanöver, bei dem die Fahrtrichtung von der Fahrt mit der Laufrichtung der Welle in die entgegengesetzte Richtung geändert wird. Wir wollten lernen, es auf der Welle zu absolvieren, und durch die ständige Wiederholung des Wortes schon beim Rauspaddeln war es die ganze Surfsession über in unseren Köpfen präsent. Es auch beim Aufstehen vom Board laut auszusprechen half mir, einen Teil der Kontrolle wiederzuerlangen.

Eine ähnliche Methode nutzte ich ebenso in den Momenten, in denen ich eine Welle anpaddelte und sich ein zweifelnder Gedanke einschlich. Ich hatte festgestellt: Sobald ich anfing, ein motivierendes Wort zu wiederholen, war auch mein Körper erfüllt von seiner Energie. Wenn ich also merkte, dass mich der Mut verlassen könnte, hatte ich nur das Wort »Go!« im Kopf. Ein einfaches Wort mit einer starken Bedeutung und Wirkung. Auch heute rufe ich Freundinnen, die gerade eine Welle anpaddeln, »Go, go, go!« zu, um sie zu motivieren und in ihrer Entscheidung zu bestärken, die Welle zu nehmen.

EGO-DETOX

Die Sonne schien, während ich stolz mein viel zu kleines Surfboard unter dem Arm in Richtung Strand trug. Wäre es schon das Instagram-Zeitalter gewesen, dann hätte es ein »Ich auf dem Weg zum Surfen in Bali«-Selfie in meinen Feed geschafft. Ich schlängelte mich die Treppe durch die Felsen in Padang

Padang hinunter und wurde von zwei Typen angesprochen, die sich darüber lustig machten, wie ich das Wachs auf dem Board aufgetragen hatte. Damals dachte ich mir, je mehr ich davon aufbringe, desto besser könnte ich aufstehen, und so war das Board fast bis zur Spitze von einem dicken Wachsfilm bedeckt. Um dieses kleine Surfboard auf den Wellen zu manövrieren, hätte es eigentlich jahrelanger Erfahrung bedurft. Doch die Surfboards für Anfänger sahen nicht annähernd so dynamisch und sportlich aus wie dieses Profiboard, und so versuchte ich als Surfanfänger mein Glück mit einem Brett, das ich erst Jahre später richtig nutzen konnte.

Natürlich hat es einen Sinn, warum alle Anfänger erst einmal auf großen Boards beginnen sollten. Sie sind dafür gemacht, einfacher in die Wellen zu gleiten, und auch das Aufstehen wird durch das Volumen und die Form erleichtert. Der wichtigste Grund aber, auf so einem Board mit der Sportart zu beginnen, ist, dass es einfach mehr Spaß macht und die Lernkurve viel steiler ist.

Das Gefühl, schneller eine bessere Surferin werden zu wollen, kannte ich nur zu gut. »*Fake it till you make it*« war mein Motto der ersten Jahre, in denen ich eigentlich noch eine totale Surfanfängerin war. Der Surf-Lifestyle ließ in mir den Wunsch entstehen, die »typische« Lernkurve zu umgehen, denn ich wollte zu den coolen Surfern dazugehören. Jedoch passierte genau das Gegenteil, und so musste ich mir widerwillig eingestehen, dass ich zunächst doch mit einem größeren Surfboard üben musste. Dieser Prozess hatte mich viele verschwendete Stunden im Ozean mit einem nicht auf mein tatsächliches Können abgestimmten Board gekostet. Als ich Jahre später eine selbstbewusste Surferin war und meine Schwester zu Besuch kam, konnte ich dieses Wissen weitergeben und ihr dabei zusehen, wie wenigstens sie direkt aus meinen Fehlern lernen konnte. Auch wenn der Drang bei ihr groß war, schnell auf die nächstkleinere Boardgröße umzusteigen, hatten meine Geschichten, bei denen ich mir auch jetzt noch vor den Kopf schlage, ihre Wirkung, und sie musste akzeptieren, dass man als Surfanfänger mit einem großen Brett besser fährt. Das erste richtige Board, das wir zusammen kauften, war groß genug, um ihr Stabilität zu geben und in den ersten Wochen tatsächlich auf ihm zu stehen, statt die meiste Zeit damit zu verbringen, ins Wasser zu fallen.

Mit etwas Neuem beginnen beinhaltet auch, Fehler zu machen und sich einzugestehen, wenn ein anderer Weg mehr Sinn ergibt.

Vielen steht die Denkweise im Weg, dass man sich nicht lächerlich machen will, wenn man im Wasser als Anfänger erkannt wird. Die Realität ist jedoch, dass geübte Surfer schon anhand der Paddeltechnik erkennen können, ob jemand ein Beginner ist. Ein kleines Board kann deshalb umso schneller zeigen, dass jemandem die Erfahrung fehlt, da auch das Paddeln schwerer wird, wenn das Surfbrett kleiner ist. Runterfallen wird jeder Anfänger, doch wenn man sich eingesteht, dass diese Dinge Zeit zum Lernen brauchen, wird der Prozess sanfter. Je schneller man das Ego zur Seite stellen kann und von vorn anfängt, desto mehr Spaß wird man im Wasser haben.

MUT, KRITIK ANZUNEHMEN

Ich kann mich gut an meinen ersten gelungenen Drop in eine Welle erinnern, den Moment, als ich das erste Mal den richtigen Zeitpunkt zum Aufstehen abgepasst hatte und mich die Welle perfekt mit sich nahm. Ich stieß ein kleines Jauchzen aus, als der Schwung und die Dynamik meines Surfboards mich fast aus der Bahn warfen, und konnte fast nicht glauben, dass ich mich auf der Welle befand. Es gibt Videos von guten Surfern in großen Wellen, die zeigen, dass so ein Drop wirklich wie ein Flug ist, bei dem das Board mit dem Surfer obendrauf durch die Luft segelt, bis es dann unten auf dem Wasser landet und sich der Geschwindigkeit der Welle anpasst. Diese Art des Surfens kam mir fast unmöglich vor, denn ich war schon aufgeregt genug bei den kleinen Wellen, die ich ritt.

Ein anderer Moment, an den ich mich gern zurückerinnere, ist das erste Mal, als mir bewusst wurde, was ich alles »falsch« machte. Plötzlich konnte ich die Welle vor mir wirklich wahrnehmen und hatte die Zeit zu überlegen, wie ich sie surfen wollte. Durch mein gesteigertes Körperbewusstsein erkannte ich, was mein Körper eigentlich machte, wenn ich auf der Welle stand. Manchmal ruderten meine Arme unkontrolliert, und die Füße waren falsch auf dem Board positioniert. Zu erkennen, wo ich meinen Zielen im Weg stand, motivierte mich dazu, wieder und wieder surfen zu gehen.

Dabei sahen die Bilder von mir, die Fotografen von Land aus schossen und mir am Strand zum Verkauf anboten, oft gar nicht schlecht aus – Bilder als Balsam für die Surferseele. Doch ein Foto ist eben nur eine Momentaufnahme und hält nur einen Bruchteil der Realität fest. Bilder meines eigenen Surfens zu betrachten half mir daher nicht weiter, denn auch wenn ich natürlich glauben wollte, dass ich gar nicht so schlecht auf den Wellen ritt, wusste ich, dass es nicht der Realität entsprach.

Ein Video von mir in Aktion hielt mir stattdessen am besten den Spiegel vor und zeigte mir gnadenlos die eigenen Surfkünste. Ein Phänomen jedes Surfvideos ist der Unterschied zwischen der Wellengröße im Film und wie groß sie sich in der Realität anfühlte. Der kritische Drop sah auf dem Bildschirm dann eher wie ein unbeholfenes Stolpern aus. Da gab es nichts mehr zum Schönreden, im Video erkannte ich jeden meiner Fehler. Jedoch war es besser für mich, sie nun wirklich mit meinen eigenen Augen zu sehen, denn wenn jemand anderes mir meine Fehler aufzeigte, fiel es mir schwer, Kritik anzunehmen. Sich zu fühlen, als hätte man die beste Welle seines Lebens gesurft, um dann gesagt zu bekommen, was man alles falsch gemacht hat, kam mir wie ein Widerspruch in sich selbst vor. Zwei unterschiedliche Blickwinkel und Meinungen, bei denen ich natürlich am liebsten geglaubt hätte, im Recht zu sein. Aber ich wollte mich verbessern und musste akzeptieren, dass die Kritik von außen mich diesem Ziel näher bringen würde, auch wenn sie manchmal schwer anzunehmen war. Die beste Kritik für mich war jedoch immer die, wenn ich selbst Dinge erkannte, die noch verbesserungsfähig waren. Meine Bilder und besonders Videos nach dem Surfen anzuschauen half mir zudem dabei, die Situation nochmals neu einzuschätzen und Dinge wahrzunehmen, die mir im Wasser gar nicht bewusst gewesen waren. Ich konnte selbst eine Art objektive Einschätzung über mein Surfen abgeben.

Dies zu erleben war auch hilfreich, um meine Abwehrhaltung abzulegen. In meiner Surfentwicklung war ich als Frau oft unterschätzt worden und hatte gelernt, mein Selbstbewusstsein aufzubauen und mich nicht von anderen runterziehen zu lassen. Als ich als Surferin wuchs, wurde mir bewusst, dass ich beides sein konnte: dankbar, gut gemeinte Tipps anzunehmen, sodass ich mich verbessern konnte, und selbstbewusst genug, mich nicht von herablassenden Kommentaren entmutigen zu lassen. Am wichtigsten war mir dabei, dass ich ehrlich mit mir selbst war und der Stolz meinen Zielen nicht im Weg stand.

MUT ALS PROZESS

Mein Leben lang plagten mich meine großen Füße. Beim Sport, besonders beim Schwimmen, verschafften sie mir zwar Vorteile, doch beim Schuhkauf kam es nur zu Problemen. Männerschuhe zu tragen war meine einzige Wahl, sportliche Looks waren daher für mich als Teenager das *go-to*. Ich war allerdings gerade in der Pubertät in die Höhe geschossen und nun größer und auch breiter als viele meiner Mitschüler und Freunde. Oft wünschte ich mir, mich weiblicher kleiden zu können, jedoch führten die normalen Übergrößen-Schuhgeschäfte eher langweilige Oma-Pantoffeln. Eine Freundin meiner Mutter wusste von meiner Schuhproblematik und bot mir freundlicherweise an, mich zu einem Laden auf dem Hamburger Kiez zu bringen, da dort viele verschiedene Frauenschuhe in allen Größen zur Auswahl standen. Meine Mutter staunte nicht schlecht, als ich von der Shoppingtour auf der Reeperbahn mit hohen braunen Cowboyboots mit kleinen Absätzen nach Hause kam.

Das Klackern der Absätze auf der Straße wurde in der Folgezeit zu meinem Markenzeichen, denn ich trug die Boots von nun an für die nächsten Jahre, egal ob im Winter mit Mantel oder im Sommer mit kurzem Kleid. Einmal im Jahr mussten die Absätze und Sohlen erneuert werden, der Verschleiß war immens. In der verschlafenen norddeutschen Stadt, in der ich aufwuchs, trug sonst niemand Cowboyboots. Der neue Style gab mir Selbstbewusstsein, und ich fühlte mich selbstsicherer. Nachdem mich jahrelang die mangelnde Auswahl eingeschränkt hatte, wurde mein neuer Stil ein Neuerfinden und Ausprobieren. Ich trug die Boots nicht, um aufzufallen oder mich besonders zu fühlen, es war vielmehr ein Ausdruck meiner selbst.

Als ich im Ausland lebte, brauchte ich die Schuhe nicht mehr, und auch mein Kleidungstil änderte sich nach einigen Monaten. Was ich jedoch aus dieser Zeit mitnahm, war der

Mut, mich nach außen hin auszudrücken, ohne Angst, was andere über mich denken oder sagen könnten. Dieses für mich mutige Verhalten war kein außergewöhnliches Ereignis, das aus heiterem Himmel fiel, sondern ein Prozess aus verschiedenen miteinander verbundenen Erlebnissen.

Je öfter ich mich
in unbekannte Situationen wagte,
desto mehr wuchs mein Mut und
wurde ein Teil von mir.

Zum Wellenreiten nahm ich diesen Mut mit, indem ich einfach anzog, was ich wollte. Egal welche Muster, ob neonfarben oder ausgefallene Schnitte, ich trug, was mir gefiel. Farbenfroh saß ich dann auf meinem Board im Meer und machte mir wenig Gedanken darüber, was andere über mein Outfit dachten. Mit Überraschung nahm ich daher auch den Kommentar einer Freundin auf, die zu mir meinte, dass sie sich gar nicht trauen würde, mit so einem auffälligen Style surfen zu gehen, denn es würde ja die Aufmerksamkeit auf sie lenken. Dabei ging es ihr gar nicht so sehr um diese. Vielmehr fürchtete sie den Vorwurf, dass wir nicht so gut surften, wie die Bikinis leuchteten. Die Strategie, eher unauffällig zu sein, damit niemand mich analysiert oder eventuell beurteilt, kam mir jedoch gar nicht in den Sinn. Mit meinem Aussehen und meiner Außenwirkung hatte ich Frieden geschlossen – es war mir egal, was andere Menschen über mein Äußeres dachten. Ich hatte zwar den Mut anzuziehen, was ich wollte, ohne mir unnötig viele Gedanken zu machen, was ich jedoch schnell lernen sollte, war, dass nicht alle Menschen meinen Prozess des Selbstbewusstwerdens als solchen sahen. Das zeigt die folgende Geschichte.

AUTHENTISCH SEIN

Ich würde mich persönlich nicht als übermäßig selbstbewusst bezeichnen, eher habe ich Momente ausgeprägten Selbstbewusstseins. Doch vor den Cowboyboots herrschte definitiv ein Mangel in dieser Hinsicht, an dem ich arbeitete, um mich in meiner eigenen Haut wohler zu fühlen. Vielleicht hatte das junge Mädchen in mir noch genügend Naivität oder Unschuld, denn es kam mir zunächst nicht in den Sinn, dass Selbstbewusstsein auch als Arroganz wahrgenommen werden konnte. Ich hatte eher auf starke, selbstbewusste Frauen geblickt und sie als Vorbild genommen. So entwickelte sich meine »Was interessiert es mich denn, was andere von meinen Klamotten halten«-Haltung, bis ich Worten der Ablehnung begegnete, die mit meiner Kleidung nichts zu tun hatten.

In meiner Cowboyboot-Zeit kam ich einmal an eine große bei uns berühmt berüchtigte Kreuzung: Wenn ich dort die Straße überqueren musste, war mir das meist unangenehm. Ich fühlte mich vor den an der Ampel wartenden Autos wie auf dem Präsentierteller. Wie andere auch kannte ich das Gefühl, nicht zu wissen, wohin ich mit meinen Händen sollte. Wohin soll ich blicken? Laufe ich gerade komisch? Schaut mir jemand zu? Dies ist ein innerer Monolog, den ich auch heute noch manchmal führe, wenn ich mich nicht von meinem Handy ablenken lasse, um dieser bedrückenden Selbstbeobachtung zu entfliehen. Den Kopf hochhaltend kämpfte ich gegen den Drang an, schnell an den wartenden Autos vorbeizulaufen. Zwar fühlte ich mich hier im »Rampenlicht« des Kreuzungs-Runways nicht wie zu Hause, jedoch war dies eine gute Gelegenheit, den neu gefundenen Mut, ich selbst zu sein, in die Tat umzusetzen. Mit schlendernden Armen und großen Schritten überquerte ich in meinen Cowboyboots die Straße, fast schon stolz darauf, dass ich mich von dem unangenehmen Gefühl nicht hatte runterziehen lassen. Ein paar Stunden später bekam ich von einer Freundin der Familie das Feedback, dass sie mich an der Ampel vom Auto aus gesehen und eine »ganz schön arrogante Ausstrahlung« an mir wahrgenommen habe. Ihre Worte schnitten tief, denn Arroganz war mir nie in den Kopf gekommen. Ich war zwar selbstbewusst über die Kreuzung gegangen, hatte aber bei jedem Schritt gegen meine innere Unsicherheit angekämpft.

Dieses Erlebnis trug ich jahrelang mit mir. Als Frau Selbstbewusstsein aufzubauen kam mir nun wie ein Hochseilakt vor, bei dem ein bisschen »zu viel« davon von anderen schnell als Arroganz interpretiert wurde. Ich behielt zwar den Mut anzuziehen, was ich wollte, jedoch tat ich mir schwer damit, darüberzustehen, wie andere mein Verhalten beurteilten. Mir war es wichtig, dass meine Mitmenschen mich nicht als arrogant wahrnahmen und ich von ihnen gemocht wurde. Dies war nicht nur nervenaufreibend und anstrengend, sondern machte es mir schwer, wirklich authentisch zu sein. Ich hatte das Bedürfnis sicherzugehen, dass ich nicht missverstanden wurde.

Beim Surfen wurde mir später bewusst, dass ich niemals wirklich beeinflussen konnte, wie eine andere Person mich wahrnahm. Ich verstand, dass es sich dabei um eine subjektive Bewertung handelte, die sich aus vielen nicht meiner Kontrolle unterliegenden Faktoren zusammensetzte.

Warum soll man seine Zeit damit
verschwenden, darüber nachzudenken,
was irgendjemand über einen denkt. Es geht darum,
sich nicht zu verstellen, man selbst zu sein.
Und sich mit Menschen zu umgeben,
die einen schätzen.

Gerade in der Surfcommunity konnte ich diese Menschen finden.

Obwohl das Wellenreiten eher männerdominiert war, gab es viele surfende Frauen, die vor Selbstbewusstsein strotzten. Sich zwischen die guten Surfer zu mischen und, ohne zu zögern, die besten Wellen anzuvisieren war für viele von ihnen kein Problem. Dies war besonders dann der Fall, wenn sie sich ihres Könnens bewusst waren und sie mit den Männern »mithalten« konnten. Doch auch wenn diese Frauen nur das gleiche Maß an Selbstbewusstsein hatten wie die männlichen Surfer um sie herum, kam es leider häufig dazu, dass sie in der Kategorie »zu männlich« oder »zu dominant« landeten. Obwohl sie sich wie jeder andere Surfer verhielten oder vielmehr einfach nur sie selbst waren, stachen sie aus der Masse hervor.

Über die Jahre konnte ich so oft Situationen in der Surfcommunity beobachten, bei denen ich feststellte, dass ein selbstbewusstes weibliches Auftreten häufig als arrogant und überheblich wahrgenommen wurde. Von Surferinnen, die im Wasser und an Land selbstsicher waren, schien eine Art Bedrohung auszugehen. Ich empfand jedoch eher das Gegenteil, denn es verlieh mir Auftrieb, andere Frauen aufblühen und sie in ihrem Element zu sehen. Es war eine Inspiration, kein Wettbewerb.

Selbst wenn ich mich natürlich manchmal dabei ertappe, mit Neid auf andere Frauen zu blicken, habe ich in meinem Hinterkopf immer diese Stimme, die mich daran erinnert, negative Gefühl beiseitezulegen. Es gibt mir auch selbst ein besseres Gefühl, wenn ich Menschen mit Offenheit und Unterstützung begegne, statt mit Missgunst.

Nicht nur beim Surfen haben selbstbewusste Frauen es oft gar nicht so einfach, wie man womöglich denken würde. In unserer Gesellschaft selbstsicher auftreten bedeutet, sich ständig zu ermutigen, die innere Unsicherheit beiseitezulegen, die uns die Medien und unserer Erziehung mitgegeben haben. Bewertet werden wir nicht nur von außen, sondern wir selbst sind häufig unsere härtesten Kritiker. Gerade bei sehr selbstbewussten Frauen denkt man vielleicht, dass sie ein dickes Fell haben und abfällige Blicke oder Kommentare wegstecken können.

In uns allen existiert ein bisschen Unsicherheit und Verletzlichkeit – aber auch der Mut, zu sich selbst zu stehen.

SICH UNVOREINGENOMMEN AUF ETWAS EINLASSEN

Für gute Wellen geht jeder Surfer auch mal Umwege oder nimmt lange oder gefährliche Reisen auf sich. Für unseren letzten großen Surftrip, der einen Monat dauern sollte, nahm ich daher viel Planung in Kauf. Wochenlang suchte ich online nach einer Insel in Indonesien, die noch nicht mit Touristen überfüllt war. Wirklich viele Informationen konnte ich jedoch nicht finden, und ich kannte niemanden, der schon genau an dem Ort gewesen war, der mir als Reiseziel vorschwebte.
Mein Mann vertraute mir und meinen Planungskünsten, obwohl auch ihn die Eckdaten etwas abschreckten: Die Anreise dauerte mit drei Flugzeugen und einem Boot insgesamt 50 Stunden! Doch ich wollte diese Hürde nehmen, denn ich dachte mir, wenn ich dieses Wagnis jetzt nicht eingehe, werde ich nie erfahren, was mich dort für Surfbedingungen erwarten.

In meiner Planung des Trips schien nichts schiefgehen zu können. Ich hatte ein perfektes Zimmer fünf Minuten von der bekanntesten Welle gefunden, es gab Essen in der Unterkunft und noch drei weitere Restaurants im Radius von 20 Minuten. Das Meer dort sah auch vielversprechend aus. Die Saison der größeren Wellen hatte gerade erst begonnen, weswegen auch nicht zu viele Surfer vor Ort sein sollten. Meine Strategie bestand darin, schon früher zwischen den Saisons zu reisen, wo die Unterkünfte günstiger waren, weniger Reisende vor Ort und es meistens genauso gutes Wetter und Wellen wie in der Hauptsaison gab.

Die Hinreise verlief unkompliziert, und wir wurden von sehr guten Wellen begrüßt. Es gab nicht viel in dem kleinen Dorf, nur ein paar andere Unterkünfte, die sich an der Küste entlangschlängelten, und eine Handvoll Restaurants für Touristen. Auf der Straße lagen schwarze Ziegen, die sich in der Mittagshitze sonnten. Gleich neben unserer Unterkunft befand sich eine Algenfarm, in der einheimische Frauen und Männer die Wasserpflanzen auf Holzgestellen in der Sonne trockneten. Ich hatte das Gefühl, angekommen zu sein, raus aus dem schnellen Drehen der Welt, hinein in eine langsam fließende Idylle. In diesem Moment war ich mir sicher, dass die lange Reise und der ganze Aufwand sich gelohnt hatten.

Doch nach diesem vielversprechenden Anfang folgten Wochen ohne eine einzige Welle. In den ersten Tagen war dies kein Problem für mich, ich verbrachte meine Zeit einfach mit Lesen und Schreiben. Nach der ersten Woche juckte es mich jedoch in den Fingern, mal wieder eine Welle zu reiten, nur war am Horizont weit und breit keine einzige in Sicht. Die Wochen vergingen, und immer wieder hatten wir die Hoffnung, dass der Ozean uns noch einmal einen guten Surf bescheren könnte, jedoch blieb das Meer bis zu unserem Abreisetag ruhig.

Ich hatte vor dem Trip in gewisser Weise erwartet, dass sich unser Mut, zwei volle Tage in Booten und Flugzeugen zu verbringen, auszahlen würde. Dabei bin ich fast wie von einer Belohnung durch perfekte Wellen ausgegangen, die an leer gefegten Stränden auf uns warten würden. Meine Stimmung nahm mit jedem Tag ein bisschen mehr ab, wenn ich am Morgen zum Strand hinunterschlenderte und auf einen spiegelglatten Ozean hinausblickte. Was für andere ein Traum gewesen wäre, war für uns eine versäumte Zeit, die wir mit Surfen verbringen wollten.

Das Bild von unserem Urlaub, das vor unserer Abreise in meinem Kopf entstanden war, verblasste zunehmend, und Enttäuschung nistete sich an dessen Stelle ein. Mir wurde bewusst, dass ich lernen musste, mit diesem Gefühl umzugehen und an meinem Mindset zu arbeiten. Der Trip war nur ein Reinfall gewesen, da ich ihn mit der Erwartungshaltung angetreten hatte, dass diese Auszeit vom Stadtleben zum perfekten Surftrip werden würde. Ich hatte mir tolle Surfbedingungen erhofft und die Sehnsucht nach »echten« Wellen als Antrieb genutzt, eine solche Reisezeit auf mich zu nehmen. Hätte ich mich jedoch einfach überraschen lassen und ohne eine genaue Vorstellung auf das Abenteuer eingelassen, dann hätte ich den Trip ganz anders wahrgenommen und wahrscheinlich viel mehr genossen.

> Es ist fast unmöglich,
> keine Erwartungen zu haben.
> Dennoch kann man sich für Unerwartetes öffnen,
> denn die Dinge laufen selten nach Plan.

Das heißt nicht, dass man sich nicht auf gute Wellen einstellen und auf Dinge freuen kann, sondern dass die Enttäuschung größer sein wird, wenn man sich nur auf eine Art konzentriert, in der man Freude empfangen kann.

Was ich aus diesem Urlaub gelernt habe, ist, dass Mut sich auszahlt, wenn man offen für das Ergebnis ist und keine starren Vorstellungen mitbringt, wie etwas zu sein hat. Mut bedeutet auch, sich auf etwas einzulassen, ohne dass man weiß, was am Ende herauskommt. Erwarte ich immer eine Art Belohnung, wenn ich etwas riskiere, gibt es keinen Grund, mutig zu sein, denn das Endergebnis ist sowieso immer gut. Sich etwas zu trauen hat an sich etwas Befreiendes, da man nicht nur wächst, indem man aus seiner Komfortzone ausbricht, sondern auch herausfindet, was man beim nächsten Mal anders machen sollte.

Drop in den Mut: der Kreis der Sicherheit

Nimm ein Blatt Papier und zeichne darauf mit einem Stift einen großen Kreis. Dieser symbolisiert deine Komfortzone. Alles, was sich in ihm befindet, sind Dinge, die du in der Vergangenheit schon überwunden hast. Vielleicht hast du beispielsweise eine neue Sportart erlernt, die dir am Anfang fremd vorkam, und du hast dich trotzdem getraut und damit weitergemacht. Schreibe diese Dinge in den Kreis und suche dann nach jenen, die auf der Grenze oder sogar außerhalb deiner Komfortzone liegen. Durchkämme deine Träume und Wünsche für die Zukunft und finde heraus, welche Aspekte dieser Realität schon im Inneren des Kreises liegen und was sich noch außerhalb davon befindet. Was brauchst du, um deinen Kreis der Sicherheit nur ein kleines Stückchen zu erweitern?

Sich etwas zu trauen,
hat etwas Befreiendes.

LOSLASSEN

VON TATTOOS UND GECKOS

Das Wasser um mich herum wird dunkler und dunkler, als die Sonne langsam hinter dem Meer verschwindet. Ein letztes Glitzern auf dem Wasser ist wie ein »Leb wohl!« des Tages, und ich fange an, zum Strand zurückzupaddeln, bevor mich die Dunkelheit vollkommen umschließt. Am liebsten surfe ich mit der auf- oder untergehenden Sonne, denn diese Zeit hat etwas Vollkommenes. Der Start eines neuen Tages ist eine Einladung, von vorn zu beginnen, während ein windstiller Abend eine Magie in sich birgt, bei der man im leuchtenden Wasser sitzt und nur eines mit Gewissheit sagen kann: Die Sonne wird morgen wieder aufgehen, und mit ihr plane auch ich, meinen Tag anzufangen.

Als Surferin bin ich an das Licht gebunden – und die Sicherheit, die es ausstrahlt. Doch auch andere Aspekte der Natur bekamen im Ausland eine neue Stellung in meinem Leben. Ich fühlte zunehmend den Drang, mein Dasein im Einklang mit der Natur zu führen und meinen Lebensrhythmus auf das Auf und Ab der Sonne abzustimmen. Dabei ging es nicht etwa darum, mir etwas Neues anzueignen, sondern das angelernte Eingreifen in meine natürlichen Instinkte loszulassen. Nach einiger Zeit, in der ich im Einklang mit der Sonne lebte, merkte ich, dass mein Zyklus sich mit dem Mond synchronisierte. In der Natur herrscht keine Willkür, sondern ein bestimmter Rhythmus vor, den auch wir Menschen in uns tragen. Als Teenagerin hatte ich diesen ignoriert und mich damit auch mehr und mehr von der Verbindung zu mir selbst abgekapselt. Mein neuer Surflebensstil brachte die Anbindung an die Natur zurück, denn als Wellenreiterin musste ich mich den Bewegungen der Gezeiten hingeben und mit ihnen im Einklang sein. Je mehr mir bewusst wurde, dass der Kampf gegen die Gesetze der Natur sinnlos war, desto mehr lernte ich, loszulassen und zu mir selbst zurückzufinden.

Ich blickte auf das Tattoo an meinem Handgelenk hinunter und verwechselte es für einen Augenblick mit einem Stück Salami. Erfolglos versuchte ich, es wegzustreichen. Bei genauerer Betrachtung fielen mir weiße Flecken auf, die meine Haut an dieser Stelle nach den Fettstückchen in der Wurst aussehen ließen. Angeekelt versuchte ich, daran zu denken, was mein Tattoo infiziert haben könnte. In Indonesien waren Infektionen keine Seltenheit, doch diese tiefgehende lag genau über meiner Hauptschlagader. Beim Surfen weichte sie nach einigen Minuten im Wasser auf, und ich konnte zusehen, wie Fetzen meiner gefärbten Haut aus der Wunde austraten. Ich entschied mich, eine Auszeit vom Wellenreiten zu nehmen, um der Verletzung Zeit zum Heilen zu geben. Nach einigen Tagen spürte ich jedoch, dass sich die Entzündung nicht besserte, sondern eher verschlimmerte. Woher kam diese Reaktion meines Körpers?

Wenige Tage später bemerkte ich, dass auch andere Tattoos, die ich schon seit Jahren ohne Probleme auf meiner Haut getragen hatte, anfingen, sich zu entzünden. Mit jedem Tag entdeckte ich neue Entzündungsherde an meinem Körper. In emotionaler Hinsicht hatte ich den Eindruck, dass ich gerade dabei war, etwas Altes loszulassen und Platz für etwas Neues zu schaffen. Nun musste ich dabei zusehen, wie meine Erinnerungshilfen, die ich unter meiner Haut hatte verewigen lassen, um mich für den Rest meines Lebens zu begleiten, langsam verblassten. Dieser Prozess war im Nachhinein betrachtet der Anfang des Loslösens von Bali, was ich nach meinen fünf Jahren Inselleben zuerst nicht sehen wollte. Doch mit jedem verblassten Tattoo kamen mehr schwere Gefühle in mir auf, die zunächst eher unterbewusst als bewusst meine Zukunft auf Bali infrage stellten.

Als ich von einem weiteren Arztbesuch zurückkam, bei dem mir wieder nicht mit meinem Entzündungsproblem geholfen werden konnte, kehrte ich in ein leeres Haus heim. All meine Freundinnen, mit denen ich mir die Unterkunft teilte, waren surfen gegangen. Ich wurde von einem lauten Geräusch eines Geckos aus meinen Gedanken gerissen und blickte auf das bunte Tier an der Wand, das ich über die Jahre lieben gelernt hatte.

Auf Bali gelten Geckos im Haus als Glücksbringer, besonders die blauen Tokehs, die mich nachts mit ihrem lauten Ruf gelegentlich aus dem Schlaf holten. Das Geräusch war wie ein Echo, das sich im ganzen Zimmer ausbreitete. Mir war gesagt worden, dass Geckos nur in schimmelfreien Räumen mit guter Luftzirkulation leben. Gerade in den neueren Blockbauten, die ohne richtige Fenster fast keinen Durchzug hatten, traten sie fast gar nicht auf. Neugierig beobachtete ich unseren »Hausgecko«, der in der Ecke des Raums mit ruhigen Bewegungen versuchte, die alte Haut von seinem Körper abzustreifen. Ich lächelte bei dem Gedanken daran, dass auch ich durch den Prozess des Häutens zu gehen schien, auch wenn bei mir keine tolle Musterung zum Vorschein kam.

Es ist wertvoll, wenn sich im Leben die Chance eröffnet, Dinge loszulassen. Krampfhaft an Altem festzuhalten, ist eine schlechte Option.

In all den Jahren hatte ich nie eine Diagnose für mein Tattooproblem bekommen, und so musste ich den Prozess akzeptieren und mit meinem Leben weitermachen. Ich war in einer Phase, in der ich mich von Altem verabschieden und Platz für Neues schaffen konnte. Natürlich fand dieser Prozess nicht von heute auf morgen statt: Jedoch nahm ich nach und nach die kleinen Wegweiser wahr, die mich dahin führten, wo ich heute bin. Ich bin zutiefst dankbar, dass ich wie der Gecko organisch wachsen konnte, indem ich allmählich Überkommenes und nicht mehr zu mir Passendes losließ – auch wenn es nicht immer ein einfacher Weg war.

DAS LEBEN KOMMT IN WELLEN

Stur an einer Sache festhalten konnte ich schon immer gut. Als meine Mutter mich einmal fragte, ob ich in der Zukunft planen würde, nach Europa zurückzukehren, fühlte es sich an wie ein Angriff auf meine gesamte Persönlichkeit. Ihre Frage war weder als Vorwurf noch als Forderung formuliert, dennoch konnte ich sie nicht neutral beantworten. Als ich mich einmal entschieden hatte, wie mein Leben aussehen »sollte«, fiel es mir schwer, dieses Bild loszulassen. Allein der Gedanke, dass ich irgendwann nicht mehr auf Bali leben würde, war für mich zu diesem Zeitpunkt absurd und weit hergeholt. Ich hatte mir den Verlauf meines Lebens im Kopf schon perfekt ausgemalt und alle möglichen Abweichungen aus meinen Gedanken verbannt. In meiner Vorstellung zeigte diese Herangehensweise meine Stärke, denn nicht aufgeben und für etwas kämpfen offenbarte, wie charakterstark und fokussiert ich war. Doch dass dies nicht unbedingt in jeder Lebenssituation der beste Ansatz ist, und Stärke auch bedeutet, den Dingen ihren Lauf lassen zu können, wurde mir bei meiner Rückkehr nach Deutschland bewusst.

Resilienz ist von einem flexiblen Umgang mit den Dingen geprägt, die mir in den Weg geworfen werden, statt an einem in Stein gemeißelten Plan festzuhalten. Fast wie beim Sport ist es ein An- und Entspannen der Muskeln, indem ich in manchen Lebenssituationen Stärke durch Beharren und in anderen Stärke durch Loslassen zeige. Dieser Rhythmus ist wie das Auf und Ab der Wellen im Ozean, ein Aufbauen von Kraft, gefolgt von einem Freigeben dieser aufgebauten Energie.

Vieles in meinem Leben kam in Wellen, wo ich in bestimmten Situationen erst die Kontrolle hatte, dann jedoch die Dinge nicht mehr steuern konnte und mich ihrem Lauf hingeben musste.

> Loslassen hat nichts mit Schwachsein zu tun, sondern darin ist eine tiefe Stärke verankert.

Diesen Wechsel von An- und Entspannung konnte ich in vielen kleinen Situationen erleben, bei denen es sich zunächst vielleicht wie ein Aufgeben anfühlte, doch eigentlich war es nur das Loslassen nach der Anspannung. Ein größerer Moment war unter anderem meine Entscheidung, aus Bali wegzuziehen. Die kraftvolle Welle meiner Jahre auf der Insel hatte sich entladen, geblieben war eine gewisse Ernüchterung und Leere. Ich hätte noch weiter an dem Leben auf Bali festhalten können, aber ich wusste, dass die Zeit reif war, meine Surfboards einzupacken und nach Deutschland zurückzukehren. Ich hatte zwar

eine andere Vision meines Lebens im Kopf gehabt, jedoch war nun der Augenblick gekommen, sie loszulassen – wenn auch zunächst etwas widerwillig. Wie es so schön heißt: Mit jeder Tür, die geschlossen wird, öffnet sich eine neue. Ich trat nun in eine andere gemächlichere Phase meines Lebens ein, die ich auch schon beim Surfen beobachtet hatte.

Das wellenförmige Auf und Ab ist so natürlich wie Ebbe und Flut, und doch haben die Zeiten, in denen es ruhiger zugeht, häufig einen schlechteren Ruf als die dynamischen. Ich war schon als Kind so aktiv gewesen, dass Schlafen für mich die Hölle war. Die ersten fünf Jahre meines Lebens hatte ich nicht eine Nacht durchgeschlafen. Der Drang danach, aktiv zu sein, war später zwar geblieben, aber ich lernte, die langsameren Phasen meines Lebens anzunehmen. Beim Surfen hatte mir jemand einmal erklärt, wie eine Meeresschildkröte ihre Energie einteilt. Sie benutzt ihre Kraft optimal, indem sie mit dem Schub der Strömung und der Wellen paddelt und sich zwischen den Schüben ausruht, um ihre Energie für den nächsten Push zu sparen. Dieses Bild rief ich mir viele Male vor mein inneres Auge, wenn ich in eine eher passive Lebensphase eintrat.

Auch auf Bali erfuhr ich diese unterschiedlichen Gezeiten des Lebens. Manchmal verbrachte ich meinen Alltag fast vollständig am Ozean, mein Körper fühlte sich stark und gesund an, und die Wellen erlaubten mir eine Zeit des aktiven Surfens. Dann gab es jedoch auch Phasen, in denen ich nur einmal im Monat ins Wasser kam und merkte, dass ich diese Zeit der Entspannung brauchte, um wieder in meine volle Kraft zu kommen. Fühlte ich mich in diesen Perioden weniger als eine Surferin? Ganz und gar nicht. All die Jahre des physischen Sports hatten zu der Entwicklung eines Mindsets geführt, das ich in jeder Lebenssituation in mir trug – zusammen mit der Gewissheit, dass ich mein Leben lang surfen werde. Die Zeiten, in denen ich weniger auf den Wellen ritt, hatten ihren Sinn, denn ein Leben in stetiger Anspannung nach dem Motto »Immer aktiv sein« war nicht nachhaltig und hatte in der Vergangenheit zu viel Frustration geführt.

Mein Fokus änderte sich, und der Gedanke an Balance trat mit Nachdruck in mein Leben. Nachdem ich mich viel mit meiner inneren Wut auseinandergesetzt hatte und lernte, die ungeplanten Seiten meines Lebens anzunehmen, statt gegen sie anzukämpfen, kam mir der Alltag viel einfacher vor. Der Abschluss meines Bali-Abenteuers ließ mich erkennen, dass ich das Auf und Ab nicht nur annehmen, sondern auch für mich nutzen wollte. Ich hatte vor, eine Balance finden, in der ich nicht ungeduldig auf den nächsten Schub des Lebens wartete, sondern die Ruhe und Passivität in vollen Zügen genießen konnte.

Doch der Flug zurück war kein sauberer Schnitt, der mich das Alte auf der Stelle loslassen ließ. Auch dies war ein Prozess. Als ich am Flughafen ankam und auf mein Gepäck sah, wurde mir bewusst, dass ich zum ersten Mal keine meiner Habseligkeiten zurückließ, sondern dass mein ganzes Leben in diesem Koffer steckte. In Deutschland hatte ich zwar noch ein paar Sachen bei meiner Mutter gelassen, jedoch hatte ich mein komplettes Erwachsenenleben damit verbracht, mir ein Zuhause auf Bali aufzubauen. Auch wenn ich über die Jahre erkannt hatte, dass meine Familie mehr ein Zuhause war als jedes physische Haus, war das Gefühl, an einen Ort zurückzukehren, den ich nur noch aus meiner Kinder- und Teenagerzeit kannte, aufwühlend. Ich wusste, wie ich auf Bali einen günstigen Preis für eine Wohnung oder das beste Visum für meine Situation bekommen konnte. Noch nie hatte ich aber in Deutschland eine Wohnung suchen und mir hier einen Alltag aufbauen müssen. Oft musste ich mich mit diesen Fragen an meine kleine Schwester wenden, und einige Wochen lang fühlte ich mich fehl am Platz. Zwar hatte ich viel Lebenserfahrung in meiner Zeit im Ausland gesammelt, doch diese schien in Deutschland zunächst nichts wert zu sein.

In der Anfangsphase nahm ich mir Zeit, die letzten Jahre Revue passieren zu lassen. Besonders nachts war ich in meinen Träumen oft noch auf den mir bekannten Straßen auf Bali unterwegs und wachte morgens manchmal mit Tränen in den Augen auf. Einen Teil dieses alten Lebensstils trug ich in meinem Herzen und bemühte mich, die neue Umgebung nicht dafür verantwortlich zu machen, den Rhythmus mit der Natur zu verlieren. Ich wollte in meiner neuen Umgebung präsent sein und mir zugleich erlauben, angemessen zu trauern. Bei alldem bereute ich meine Entscheidung, Bali zu verlassen, jedoch keine Sekunde, denn ich hatte diese neue Tür aus einem guten Grund geöffnet. Ich musste mich einfach erst einmal an die neue Situation gewöhnen, um sie schätzen zu lernen. Mit der Zeit schaffte ich es auch, mich einzuleben, heimisch zu fühlen und mich mit meinem neuen Ich anzufreunden.

Loslassen bedeutet nicht,
etwas zu verlieren,
sondern Platz für Neues zu schaffen.

Bis heute kennzeichnen mich die runden Narben an meinem Handgelenk, wo einst Tattoos meine Haut schmückten. Zwar ist keine Entzündung mehr vorhanden, doch das Narbengewebe erinnert mich an meine Zeit des Reisens und das Leben auf Bali. Wenn ich jetzt gefragt werde, woher es stammt, antworte ich nur: vom Leben.

GESUNDHEIT IST DAS HÖCHSTE GUT

Über das Wellenreiten sagte ich schon immer scherzhaft, dass es dem Körper mehr nimmt, als er geben kann. Immer leicht im Hohlkreuz liegt man auf einem harten Brett, landet dann nach einem explosiven Aufstehen auf dem Board, bis einen die Wassermassen schlussendlich unter sich begraben. Für den Körper gibt es auf jeden Fall gesündere Sportarten mit geringerem Verletzungsrisiko.

Surfen ist eher ein Sport für die mentale Gesundheit. Die Zeit im Meer hilft mir, eine Verbindung zu mir selbst zu spüren, aber auch mit etwas Größerem. Das die Geduld auf die Probe stellende Warten und Verpassen von Wellen bringt manchmal die Gefühle zum Kochen, was wiederum die Gelegenheit gibt, die eigene emotionale Reife zu testen. Mit Wellenreiten beginnt man nicht, um definierte Muskeln zu bekommen oder an seinen Rückenschmerzen zu arbeiten. Surfen ist der Inbegriff einer Fun-Sportart, bei der das Erlebnis und nicht das körperliche Ergebnis im Vordergrund steht – zumindest für diejenigen, die nicht an Wettkämpfen teilnehmen.

Ich nahm schon früh einen ausgeprägten Drang zur Selbstoptimierung an mir wahr und wollte generell das Beste aus mir herausholen. In sportlicher Hinsicht ging es dabei häufig darum, höher, weiter, schneller zu werden und effektiver an meinen Visionen zu arbeiten. Eine bestimmte Zeit lang war mit dem Surfen auch die Zukunftsplanung verbunden, sodass es als berufliche Perspektive für mein Leben in den Vordergrund trat. Der Gedanke, dass ich alles schaffen kann, wenn ich nur hart genug daran arbeite, prägte meine Entscheidungen. Oft hatte ich zu viele verschiedene Projekte gleichzeitig laufen, so gründete ich beispielsweise ein Start-up für nachhaltige Snacks, baute eine Surf-Fitness-Plattform auf, machte meinen Master in Psychologie und musste mich nebenbei auch finanziell über Wasser halten. In gewisser Weise tanzte ich auf verschiedenen Hochzeiten und wollte dabei keine Idee fallen lassen oder sich mir darbietende Möglichkeiten ablehnen.

Der Gedanke, eine richtige Powerfrau werden zu können, die alles gleichzeitig auf die Reihe bekommt, schien umsetzbar zu sein. Ich wollte eine dieser Frauen sein, die eigenhändig zwei Unternehmen und eine Non-Profit-Organisation gründet und trotzdem noch ein erfülltes Sozialleben hat, während sie zu Hause liebevoll ihre Kinder erzieht. Dieses Ideal wurde mir täglich auch über die sozialen Medien vermittelt, wo scheinbar jeder alles auf einmal schaffte und damit auch noch erfolgreich war. Hut ab an alle, die mit diesem Pensum mithalten können.

Für mich kam jedoch der Wendepunkt, als ich merkte, dass meine mentale und auch körperliche Gesundheit zu leiden anfingen. Mein Magen-Darm-Trakt, wohl einer der besten Indikatoren für mein Stresslevel, meldete sich mal wieder und machte mir das Leben schwer. Ich hatte gerade eine Teilzeitstelle als Psychologin in einer Wohngemeinschaft für minderjährige Flüchtlinge angetreten und war schnell mit meinem Zeitmanagement überfordert. Die Arbeit an sich machte mir Spaß, aber meine Gesundheit spielte nicht mit. Um der Sache auf den Grund zu gehen, begann ich, mich stärker mit der Verbindung zwischen Körper und Geist auseinanderzusetzen. Sport war meine Leidenschaft, doch meine Berufung war Psychologie. Zwei Themen, deren Verbindung mir noch nicht ganz gelungen war, obwohl ich die positiven Einflüsse aufeinander aus erster Hand beim Surfen erfahren hatte. Die Wirkung von Sport auf die mentale Gesundheit fing an, mich brennend zu interessieren, sodass ich eine Unzahl von Büchern und Studien dazu wälzte und nach verschiedenen Anwendungsbereichen suchte, die für mich passen könnten. Trotz meiner Leidenschaft für dieses Thema wusste ich jedoch lange nicht, welche berufliche Richtung ich einschlagen sollte.

In dieser Situation kam ein ungewöhnliches Jobangebot aus London zum richtigen Zeitpunkt. Schon immer machten wir in unserer Familie Scherze darüber, wie ich mit ungewöhnlichen beruflichen Angeboten nach Hause kam. Einer meiner ersten Modeljobs fiel mir zu, als ich noch ein Teenager war und in der Innenstadt angesprochen wurde, ob ich nicht Lust hätte, für eine bekannte Eiscremefirma Fotos und Videos aufzunehmen. Während viele Leute um mich herum oft skeptisch waren, sah ich keinen Grund, eine unkonventionelle Karriere grundsätzlich abzulehnen. Dies geschah nicht aus dem Selbstbewusstsein heraus, dass ich ohne Probleme in jedem Bereich erfolgreich werden kann, sondern aus dem allgemeinen Mindset, dass im Leben alles möglich ist. Ich hatte zwar Psychologie studiert, war aber ebenso offen für jeden anderen Werdegang. Als ich meiner Familie erzählte, dass ich für ein Vorstellungsgespräch als Fitnesstrainerin für die Firma Peloton nach London geflogen werden sollte, war sie also nicht wirklich überrascht über diese Entwicklung.

Cyclingkurse als Fitnesstrainerin anzuleiten schien auf den ersten Blick nicht viel mit Psychologie zu tun zu haben, doch je intensiver ich mich mit dem einzigartigen Konzept des amerikanischen Unternehmens beschäftigte, umso mehr merkte ich, wie tief verschiedene psychologische Komponenten darin verankert waren. In Form eines Heimtrainers zu Hause auf einem Fahrrad oder Laufband zu trainieren und dabei von einem Bildschirm motiviert zu werden eröffnet unglaubliche Möglichkeiten für Menschen, die sonst keinen Sport machen. Sei es, dass sie sich nicht trauen, sich physisch unter andere Sporttreibende zu mischen, sei es aus Zeitgründen. Als Trainerin habe ich nicht nur die Aufgabe, das Work-out zu gestalten, sondern auch ein Umfeld zu kreieren, das die mentale Gesundheit berücksichtigt. Dabei ist es jedem Sporttreibenden überlassen, wie weit er sich darauf einlassen möchte. Ob zu Rocksongs schwitzend Dampf ablassen oder sich zu klassischer Musik bewusst bewegen – in meinen Rides versuche ich Raum für jedes Bedürfnis zu schaffen. Auch wenn das Angebot online über den Bildschirm übertragen wird, entsteht dabei Verbundenheit und Vertrauen.

Diese neue Aufgabe begeisterte mich und nahm mich zeitlich wie mental vollständig in Anspruch, sodass ich nur noch wenige Gedanken dem Surfen widmete. Ich hatte es geschafft, dass es zwar noch einen sehr großen Stellenwert in meinem Leben einnahm, aber meinen Horizont nicht mehr vollständig ausfüllte. Es gab nun auch Platz für andere Leidenschaften in meinem Leben, die mich ebenso forderten und erfüllten.

AUCH OHNE WELLEN IN BEWEGUNG

Frisch in London begrüßte uns Corona und mit der Pandemie ein harter Lockdown im Zentrum der Großstadt. Ich konnte mit Städten generell eher weniger anfangen, und nachdem ich jahrelang auf Inseln und an naturnahen Orten gelebt hatte, war ich nun für unbestimmte Zeit in einer Metropole gefangen. Wir durften unseren Bezirk nicht verlassen, ein kleiner Park um die Ecke war der einzige Fleck Natur in unserem Alltag. Obligatorische »Mental-Health-Spaziergänge« wurden jeden Tag eingeplant und umgesetzt, egal wie das Wetter war. Gerade in der kalten Jahreszeit fühlten sich die Tage länger an, als sie eigentlich waren, und nach einigen Wochen konnte ich jeden kahlen Baum in unserem Park voneinander unterscheiden.

Schönheit in den kleinen Dingen zu finden stand nun auf der Tagesordnung. In den Gärten der Nachbarschaft lebten ein paar wilde Papageien, deren Geschrei mich am frühen Morgen auf tropische Gedanken bringen konnte. Notgedrungen rückte das Surfen in unserem Alltag wie auch in unseren Köpfen immer weiter in den Hintergrund, ohne jedoch vollkommen zu verschwinden. Auch wenn ich wusste, dass diese Situation nicht für immer anhalten würde, war es schmerzhaft, die Sehnsucht nach den Wellen und dem Meer zu verspüren. Ein neuer Fokus musste her, und so traten andere Sportarten in den Vordergrund, um die Leere zu füllen.

Auch bevor ich mit dem Wellenreiten begann, war Sport schon immer eine wichtige Konstante in meinem Leben gewesen. Irgendeine Form von Bewegung war immer präsent, egal in welcher Lebensphase. Eine Zeit lang war Schwimmen von zentraler Bedeutung. Durch meine Körpergröße wie auch großen Hände und Füße wurde ich schnell besser in dieser Sportart und liebte es, Zeit im Wasser zu verbringen. In Wettkämpfen kam es auf meine Tagesform an, aber ein wirklicher Wettkampftyp war ich nie. Ich investierte zwar Zeit und Mühe in das Schwimmen, doch als etwas Neues meine Leidenschaft weckte, schloss ich dieses Kapitel ab stürzte mich in andere Sportarten. Als junges Mädchen beschwerte ich mich gelegentlich bei meiner Mutter, dass die Woche nur sieben Tage hat. Wäre sie länger, hätte ich nämlich mehrere Sportarten ausüben können, ohne mich für eine entscheiden zu müssen. Schon damals hatte ich meine Prioritäten sorgfältig im Blick.

Wenn ich auf meine sportliche Vergangenheit zurückblicke, kann ich den Verlauf mit dem Meer vergleichen, mit Wogen im Auf und Ab. Es gab Hochzeiten der Aktivität und Bewegung, aber auch Verletzungen, die mich wieder auf den Boden brachten. Diese unterschiedlich großen Wellenberge zeichnen meine letzten 30 Jahre in sportlicher Hinsicht aus. Früher hatte ich gedacht, dass Fitness eine lineare Kurve ist, die erst geradlinig ansteigt, um ab einem bestimmten Alter wieder abzufallen. Es zeigte sich jedoch, dass es nach meinen sportlichen Hochphasen häufig zu einem Einbruch kam. Es war ein ständiges Hin und Her meiner körperlichen und mentalen Fähigkeiten. Deswegen konnte ich auch akzeptieren, dass Surfen nun in London in den Hintergrund rückte und meine allgemeine Fitness zunächst mehr im Vordergrund stehen würde.

Alles, was wir tun, gleicht dem
Auf und Ab der Wellen.
Zeitweise gibt es viel Bewegung,
zeitweise Stillstand.
Wichtig ist, dass man jede Phase des
Lebens annimmt und akzeptiert.

Mental war ich ebenso in Höchstform. Es fühlte sich an, als hätte ich die komplette Kontrolle über meinen Körper und Geist. Obwohl es in dieser Zeit meines Lebens nicht um das Surfen ging, hatte ich immer im Hinterkopf, dass meine neue Fitness auch beim Wellenreiten helfen wird. Als wir nach dem Lockdown endlich wieder aufs Wasser kamen, stellte ich fest: Mein Plan ging auf. Ich hatte keine Rückschritte gemacht, sondern surfte noch auf demselben Niveau wie vor der Pause.

Als mein Mann und ich uns entschieden, für Peloton nach London zu ziehen, war für uns beide klar, dass dies nicht das Ende unserer Surfleidenschaft bedeuten würde. Vielmehr nahmen wir es als Herausforderung an, nun unter einer neuen Grundvoraussetzung das Wellenreiten weiterhin in unser Leben zu integrieren. Das bedeutete: Nicht abwarten und Tee

2
FOR CLERGY

trinken, sondern in der neuen Situation aktiv die Initiative ergreifen. Zum Glück sind mittlerweile viele Infos zu Surfspots in England online zu finden – manchmal frage ich mich, wie anders das Surfen in fremden Ländern ohne diese Ressource gewesen sein musste. In den ersten Monaten googelten wir viel und fuhren dann meist einfach drauflos, was sich jedes Mal wie ein Mini-Abenteuer anfühlte, denn wir wussten nie, was uns wirklich erwartete. Oft gibt es eine gewisse Diskrepanz zwischen dem, was andere über etwas berichten, und der eigenen Wahrnehmung. Dabei lernte ich vor allem, am besten gar keine Erwartungen mitzubringen, die dann enttäuscht werden könnten. So erkundeten wir nach und nach unsere Umgebung in England und lernten neue Strände kennen.

Ich begann, Pläne für zukünftige Surftrips in Großbritannien zu schmieden, und überlegte, eventuell an Wettkämpfen in England teilzunehmen. Nur zum Spaß, denn wirkliche Chancen malte ich mir nicht aus. Die Pause hatte mich mit Visionen, Ambitionen und einem neuen Antrieb erfüllt, neue Projekte anzugehen. Doch gerade, als ich dachte, dass dies der Anfang einer neuen Hochphase meiner sportlichen Leistung sein würde, machte mir mein Körper einen Strich durch die Rechnung: Ich war schwanger.

RUNTERSCHALTEN BEDEUTET NICHT, ETWAS ZU VERLIEREN

Die ersten Wochen meiner Schwangerschaft verbrachte ich nur im Bett, denn ich erfuhr davon im Urlaub in Indonesien, wo ich glücklicherweise Zeit hatte, mich auszuruhen. Mir schlug die Hitze auf den Kreislauf, und jede noch so kleine Anstrengung war mir zu viel. Selbst kurze Spaziergänge waren ermüdend, sich Ruhe gönnen stand an erster Stelle.

Nachdem ich die letzten zwei Jahre jeden Tag ausnahmslos aktiv gewesen war und meinem Körper wenig Auszeit gegeben hatte, war diese ursprünglich als Surfurlaub geplante Zeit wie ein Einblick in einen mir unbekannten Lebensstil. Sogar in unserer Wohnung in London hatten wir uns beim Einzug gegen ein Sofa entschieden, denn Zeit zum Chillen gaben wir uns nicht. Ohne Sofa gab es natürlich auch keinen Fernseher, und Serien oder Filme schauen war mir fremd. Wir wussten beide so viel mit dem Tag anzufangen, dass Sofa und Fernseher nicht in unser Lebenskonzept passten. In unserer kleinen Wohnung in London hatten wir nur einen großen Raum, den wir fast komplett leer hielten, um ihn zum Sportmachen nutzen zu können. Gechillt wurde ab und an auf der Bank im kleinen Garten, doch nach einiger Zeit hielten auch hier Sportgeräte aller Art Einzug.

Umso verwirrender war nun die neue Situation für mich, denn schon vor dem ersten Schwangerschaftstest wollte ich den ganzen Tag schlafen.

> Manchmal drückt unser Körper den Pauseknopf: Er nimmt sich kompromisslos die Auszeit, die wir ihm jahrelang vorenthalten haben.

Genießen konnte ich dies jedoch nicht, denn weder mein Körper noch mein Geist waren es gewohnt, »nichts« zu tun. Zu dem ungewohnten Drang nach Schlaf und Ruhe kam nach ein paar Wochen noch eine Übelkeit hinzu, die aufgrund der indonesischen Küche keine Chance zum Abschwellen hatte. Von wegen »Morgen«-Übelkeit, ich konnte den ganzen Tag nichts riechen oder essen! Mein Geruchssinn war so sensibel, dass ich das Glutamat riechen konnte, das anscheinend in fast jedem

Gericht benutzt wurde. Trockener Reis war am ersten Tag das Einzige, was ich zu mir nehmen konnte, bis ich dann eine extreme Abneigung gegen ihn entwickelte, was nicht ideal ist, wenn man sich auf einer einsamen Insel in Asien befindet. An jeder Ecke, wo ich Reis auch nur auf einem Teller serviert sah, musste ich sofort umdrehen und gegen meine Übelkeit ankämpfen.

Sonst verstrich ein Surftrip immer wie im Schnelldurchlauf, doch dieses Mal war ich in einer endlosen Zeitlupe gefangen, in der ich statt meines Boards den Rand des Toilettensitzes halten musste. Nach schlaflosen Nächten waren die Tage zäh und lang. In meinen Jahren auf der indonesischen Insel Bali hatte ich die Hitze der Tropen lieben gelernt, was sich schlagartig in diesem Urlaub änderte. Mein Körper schien sich mehr gegen die gleißende Sonne zu sträuben, als er sich je über die endlosen Regentage in London beschwert hatte. Der Wellenbericht wurde unwichtig, ich konzentrierte mich allein auf mich selbst und das neue Leben, das gerade in mir zu wachsen begann.

Dass ich in Indonesien von meiner Schwangerschaft erfuhr, hatte eine heilende Wirkung auf das gespaltene Gefühl, das dieses Land in mir auslöste. Indonesien war für mich lange eine Heimat gewesen, die Inseln und ihre Bewohner haben mich in vielerlei Hinsicht geprägt. Nun war es wieder Teil eines neuen Lebensabschnitts, der für mich jedoch auch mit einem Gefühl des Abschiednehmens verbunden war. Es war, als endete hier ein altes Kapitel, und ich konnte mir vorstellen, dass dies das Ende meiner Reisen nach Indonesien war. Das erste Mal konnte ich das Land ohne Trauer verlassen, denn ich hatte die Zeit hier nicht wirklich genossen. Es fiel mir leicht, in den Flieger nach England zu steigen, da ich mich auf mein neues Zuhause freute.

Zurück In London hatte ich die Hoffnung, dass meine körperlichen Einschränkungen ab dem zweiten Trimester nachlassen würden, doch die Übelkeit blieb. Die gut gemeinten Ratschläge, dass es nach zwölf Wochen besser wird, gaben mir wenig Trost. Plötzlich hieß es, es kann auch erst nach 20 Wochen eine Besserung der Symptome eintreten. Doch auch dies war bei mir nicht der Fall, denn mir ging es die gesamte Schwangerschaft über ähnlich schlecht, wobei jeder neue Tag eine unberechenbare Wellenbewegung meiner Symptome mit sich brachte. Ab und zu traten ein paar Stunden der Erleichterung ein, wo ich es ohne Probleme schaffte, eine Banane zu essen, doch dann ging es weiter wie vorher, und ich konnte nur im Bett liegen. An viel Sport machen war nicht zu denken, mein Fokus lag ausschließlich darauf, Essen zu finden, das in meinem Körper blieb. Alle Pläne und Visionen mussten zurückgestellt und auch meine eigenen Erwartungen an schwangere Sporttreibende überdacht werden. Dies war eine Zeit des Loslassens, insbesondere der Vorstellung von einer aktiven Schwangerschaft und der Idee, dass ich die Kontrolle über meinen Alltag hatte.

Ich litt die ersten Monate sehr, nahm an Gewicht ab, was die Vorfreude auf das wachsende Leben trübte. »Schwangerschafts-Glow«? Für mich war es das vollkommene Gegenteil. Ich fühlte mich schwach, antriebslos und trauerte meinem aktiven Leben vor der Schwangerschaft nach. Ich vermisste, mit Vollgas durchs Leben zu gehen, zu surfen wie auch allgemein Sport zu treiben und meinen Alltag nach meinen Vorlieben zu gestalten. Einschränkungen und Veränderungen machten mir plötzlich Angst. Dabei hatte ich mich selbst immer als Mutter und auch als glückliche Schwangere gesehen und gedacht, dass ich in dieser Rolle aufgehen würde. Zweifel an dieser früheren Einschätzung fingen langsam an, an mir zu nagen, und eine

Unsicherheit über mich und meinen Gefühlszustand machte sich breit.

Vor Jahren hatte ich ein Interview mit einer Surferin gelesen, in dem sie über ihr erstes Kind berichtete. Das Muttersein habe alles für sie verändert: Vor der Geburt ihres Kindes sei Surfen ihr Ein und Alles gewesen, doch plötzlich sei es an die zweite Stelle gerückt. In den sozialen Medien hatte ich oft Bilder von Schwangeren gesehen, die mit dickem Bauch und Grinsen im Gesicht noch Wellen ritten und bis kurz vor der Geburt sportlich aktiv waren. Dies hatte dazu geführt, dass ich mir unterbewusst eine bestimmte Idealvorstellung von mir im schwangeren Zustand gebildet hatte. Ihr jetzt nicht zu entsprechen war schwer.

Ich musste mir selbst immer wieder sagen, dass einen Gang runterschalten nicht bedeutet, etwas zu verlieren. Sicher, ich hatte mich vor der Schwangerschaft stark und gut gefühlt, doch die gegenwärtige Situation war in keinem Fall ein Rückschritt. Man hat die Verantwortung, ob schwanger oder nicht, dem eigenen Körper und Geist Pausen zu gönnen, doch ich hatte jede Art von Inaktivität und Entspannung als eher negativ abgespeichert. Zwar hatte ich auch vor der Schwangerschaft hin und wieder Pausen eingelegt, doch sie waren strukturiert und absehbar in meinen Alltag eingeplant. Stundenlang auf dem (nicht vorhandenen) Sofa zu entspannen oder Serien zu bingen war für mich unvorstellbar. Mit meiner unerschütterlichen Energie, die ich von Kindesbeinen an als prägenden Bestandteil meines Selbstbilds kultiviert hatte, war das inaktive Leben für mich wie eine Art Kontrollverlust.

Auch wenn ich meinem Körper Ruhe gönnte, war ich darauf bedacht, mich geistig zu beschäftigen und psychologische Bücher zu lesen. Ich konnte mich nicht erinnern, wann ich das letzte Mal einen Roman gelesen hatte, denn diese

Form des bloßen Entertainments erschien mir wie Zeitverschwendung.

Nach einigen Wochen der erzwungenen Ruhe schien sich das Blatt gewendet und ich meine Lektion gelernt zu haben. Es machte mir immer mehr Spaß, mich in der veränderten Situation zu sehen und diese neue Facette des Lebens kennenzulernen.

AKZEPTANZ

Es war kein einfacher Prozess, mich auf meine neue Lebenssituation einzustellen.

Ein paar Monate lang nahm das Hoch und Runter meiner Emotionen Einfluss auf meine täglichen Gedanken. Ich begann, meinen Bauch mit anderen zu vergleichen, und bekam Angst, dass etwas nicht in Ordnung sein könnte, da er einfach nicht größer wurde. Die Antworten der Ärzte, die mir versicherten, alles sei in Ordnung, befriedigten mich nicht. Vor der Schwangerschaft hatte ich mit meinem Körper verbundener gefühlt denn je. Nun war er mir fremd und ich aus der Balance. Ich hatte das Bedürfnis, mit mir und meinem Leben wieder in einen »Flow« zu kommen, ohne dies jedoch wirklich spüren oder erleben zu können.

Besonders beim Surfen merkte ich diese Disbalance, denn meine Bewegungen auf dem Board waren plötzlich nicht mehr fließend, sondern eher abgehackt. Auf den Wellen zu reiten machte mir immer weniger Freude. Dies war eine so ungewohnte Lebenssituation, dass meine Frustration und Angst, Teile von mir zu verlieren, stetig zu wachsen schienen. Auch im Alltag war ich aus dem Fluss geraten, monatelang erlebte ich einen Sturm, der in mir tobte und mich innerlich nicht zur Ruhe kommen ließ.

> Es geht darum, an den Punkt zu kommen, eine neue Situation anzunehmen – mit all ihren Facetten. Und aufzuhören, gegen Veränderungen im Leben anzukämpfen.

Es war wie der Versuch, wieder zur Harmonie zu finden, indem ich mich in der Disbalance neu kennenlernte. Was ich schon vom Surfen gelernt hatte, war, Gegebenheiten zu akzeptieren und das Beste aus ihnen zu machen. Dazu gehört es, den Ozean so hinzunehmen, wie er ist, denn ich habe keine Kontrolle über ihn. In manchen Situationen im Leben ist Akzeptanz die einzig mögliche Reaktion, trotzdem schien es mir nicht leichtzufallen, mich dem Lauf der Dinge hinzugeben. Das Komplizierte bei der Schwangerschaft war, dass die mentalen und körperlichen Veränderungen nicht aufhörten, und so konnte ich jede Woche etwas Neues entdecken, bevor ich die Gelegenheit hatte, mich damit zu arrangieren. Die einzige Konstante dabei war mein Wissen, dass die nächste Veränderung schon vor der Tür stand.

Ich fing an, meine Umstände als eine Art Schatzsuche zu sehen, denn fast jeden Tag konnte ich neue Dinge an meinem Körper finden, die sich verändert hatten. In der einen Woche passten meine BHs nicht mehr, in der nächsten fand ich meine Fußgelenke geschwollen wieder. Anstatt mich über diese Dinge aufzuregen oder im Negativen mit ihnen zu beschäftigen, versuchte ich, es aus den Augen eines kleinen Kindes zu sehen, das versteckte Eier im Garten sucht. Plötzlich machte es mir Freude wahrzunehmen, dass mein Bauch wieder ein Stück gewachsen war. Vor der Schwangerschaft hatte ich gedacht, dass all diese Veränderungen mit einer gewissen Regelmäßigkeit vonstattengehen und mein Bauch jede Woche ein paar Zentimeter an Umfang zunehmen wird. Doch auch hier kam das Wachstum in Wellen. So durfte ich in besonderen Wochen an meinem Körper riesige Wellenberge der Veränderung spüren, während in vielen anderen gefühlt gar nichts passierte.

Langsam, aber sicher fing ich an, meinem Körper zu vertrauen: Er wusste, was richtig war. Das Auf und Ab erfüllte seinen Sinn.

Diese neue Akzeptanz befreite mich aus den ständigen Kontrollversuchen, und mit jeder Woche ging es mir besser und besser. Ich hörte auf, mich mit anderen Schwangeren zu vergleichen, denn ich verstand, dass der einzig sinnvolle Vergleichsmaßstab in diesem Moment ich selbst war. Jede Schwangerschaft ist einzigartig und verläuft nach einem eigenen Rhythmus. Diesen bestimmen und kontrollieren zu wollen ist unmöglich, das Einzige, was ich wirklich beeinflussen kann, ist meine eigene Reaktion auf die Gegebenheiten. Mich dem Lauf der Dinge hingeben zu können machte es schließlich möglich, das Hier und Jetzt zu genießen, ohne in den Strudel der »Was wäre wenn«- oder »Hätte ich doch nur«-Gedanken zu geraten.

PLATZ FÜR NEUES SCHAFFEN

Durch meinen Job bei Peloton war ich nun gewissermaßen Teil der digitalen Welt. Aufgenommen wurden meine Work-outs in einem professionellen Filmstudio mit acht verschiedenen Kameras und insgesamt mindestens fünf anderen Menschen, die an einer einzigen Trainingssession arbeiteten. Endgültig im Online-Kosmos angekommen, rückte die die Nutzung von sozialen Medien wie Instagram als eine Möglichkeit der Vernetzung stärker in meinen Fokus. Immer mehr wurde mir das unglaubliche Potenzial und die Reichweite bewusst, mit der ich die richtigen Menschen erreichen und Gutes bewirken konnte. Mental hatte ich jedoch zunächst den Schritt einer Loslösung gebraucht, um daraufhin eine neue Beziehung mit der Online-Welt aufbauen zu können. Jetzt konnte ich mich darauf einlassen, ohne das Gefühl zu haben, überrannt zu werden. Der Schlüssel zu dieser Balance war, dass ich meine vorherige Beziehung mit den sozialen Medien loszulassen lernte und gleichzeitig offen für etwas Neues blieb.

Es ist niemals einfach,
alte Überzeugungen aufzugeben.
Jedoch ist dies
der wichtigste Schritt,
um unseren eigenen
Weg zu finden.

Zu jeder Wachstumsphase gehört meiner Meinung nach ein Schritt des Loslassens, ohne den man in einen inneren Konflikt geraten würde, statt Harmonie zu finden. Mit dem Spruch »Der Mensch ist ein Gewohnheitstier« hatte ich als Kind nicht viel anfangen können. Als ich jedoch sah, wie schwer es für mich und auch andere war, sich zu verändern, ergab er mehr Sinn denn je. Es liegt in unserer Natur, von unserer Umgebung zu lernen und daran festzuhalten, selbst wenn sich die äußeren Bedingungen ändern. Doch ohne ein Entlernen oder Loslassen von Dingen, über die man neue Erkenntnisse erlangt hat, können wir uns nicht weiterentwickeln. Wenn man keinen Platz für Neues schafft, können die verschiedenen Komponenten des Gelernten zu Unzufriedenheit und Verwirrung führen.

Als ich meine Tätigkeit als Fitnesstrainerin aufnahm, hatte ich eine genaue Vorstellung, was für eine Person ich war be-

ziehungsweise sein wollte. Diese Vorstellung hing mit meiner Erscheinung zusammen: Ich bin überdurchschnittlich groß, relativ muskulös und breit gebaut. Schon zu Schulzeiten hatte ich manchmal die Lehrerin überragt. Hinzu kam, dass ich oft falsch eingeschätzt worden war. Ich wurde für älter gehalten, als ich war, und musste früh die Rolle der »Großen« übernehmen. Vielleicht war dies auch der Grund, warum ich mehrmals die Schule wechselte, denn ich schien mich in meiner Haut nie wirklich wohlzufühlen.

All das prägte mich, denn ich nahm auch bei meiner neuen Arbeit wieder eine ähnliche Rolle ein. Unbewusst wollte ich das Bild der harten Fitnesstrainerin abgeben – ein Style, von dem ich wohl dachte, dass er am besten zu mir passt. Bei einer Probeaufnahme ganz am Anfang wurde ich gefragt, warum ich nicht beim Einzählen in den nächsten Push wie die anderen Trainer meine Finger benutzen würde. Ich musste mir eingestehen, dass es mir unangenehm war, denn mein Leben lang hatte ich mir eingeredet, dass meine Hände zu groß waren. Die vielen Kommentare von Klassenkameraden waren hängen geblieben und kamen nach all den Jahren wieder zum Vorschein. Meine »Männerhände« nun direkt in die Kameras zu halten brachte die alte Verunsicherung in mir hoch, die ich durch neue Techniken zu verstecken versuchte. Um meine eigentlichen Gefühle sicher unter Verschluss zu halten, spielte ich die Rolle des strengen Fitness-Drill-Sergeants.

Nachdem ich dies erkannt hatte, setzte ein monatelanger Prozess ein, in dem ich mich mit mir selbst auseinandersetze. Ich war nicht mehr das Mädchen aus der Schule, sondern hatte mich in den letzten zehn Jahren stark verändert und besonders durch das Surfen ganz anderen Facetten von mir zum Vorschein gebracht.

Authentizität, Freude und Selbstvertrauen sind wichtiger als die Bestätigung von anderen.

Beim Surfen hatte sich der Versuch, krampfhaft anders dazustehen, nicht nur schlecht angefühlt, sondern mich die besten Momente verpassen lassen, in denen ich ausnahmslos hätte präsent sein können. Mir dies vor Augen zu führen half mir, den Drill-Sergeant loszulassen und stattdessen konsequent authentisch zu sein.

In meinen Jahren auf Bali stellte ich mir eine Karriere als Vollzeit-Model oder sogar professionelle Surferin vor und glaubte mit jeder Faser meines Körpers daran, dass dies für mich möglich ist. Hier bin ich nun, acht Jahre später, lebe im grauen London und arbeite als Fitness-Instruktor für Peloton, wo ich gelernt habe, meiner Persönlichkeit unverfälscht Ausdruck zu verleihen und mit anderen Menschen meine Begeisterung für Bewegung zu teilen. Ich führe ein komplett anderes Leben, als ich es mir damals vorgestellt habe, doch könnten die Details meiner jetzigen Realität nicht unwichtiger sein. Ich habe nicht »versagt« oder aufgehört, an mich zu glauben. All die Ideen und Träume hindurch, die ich die ganze Zeit über hatte, ist der Wunsch, ein tolles Leben zu führen, stets gleich geblieben.

Cutback ins Loslassen: Woran hältst du noch immer fest?

Ob Situationen, in denen andere dir unrecht getan haben oder von denen du dir wünschst, du hättest dich anders entschieden: Die Vergangenheit ist geschehen, und wir können nur Platz für Neues machen. Vielleicht bist du gerade an einem Wendepunkt in deinem Leben, wo es sich stimmig für dich anfühlt, dich von Altem zu trennen und etwas einzuladen, was dein Herz höherschlagen lässt. Nimm dir ein paar Minuten Zeit und überlege, ob es Dinge in deinem Leben gibt, an denen du festhältst, obwohl es eigentlich an der Zeit wäre, sie loszulassen. Nimm Stift und ein Blatt Papier und schreibe sie auf. Lies anschließend alles, was du dir notiert hast, noch einmal laut vor, bevor du das Blatt symbolisch zerreißt, verbrennst oder anderweitig vernichtest (bitte ohne Schaden zu hinterlassen!). Spürst du den Raum für Neues in dir, den du dadurch geschaffen hast?

Raus aus dem Strudel
der »Was wäre wenn«- oder
»Hätte ich doch nur«-Gedanken –
das gelingt nur, wenn wir uns wirklich
auf den Moment einlassen
und ihn genießen.

FLOW

MEINE FLOW-FORMEL

Irgendetwas an dem Baum zog mich magisch in seinen Bann. Seine dicken Äste knarrten, als mich mein Vater sanft an dem großen Stamm vorbeizog und in Richtung Ferienwohnung leitete. Die Wurzeln gruben sich in den losen Sand, trotzdem stand er würdevoll und in voller Pracht an der Grenze zwischen Strand und Wald. Es war der letzte Tag meines ersten Familienurlaubs, den wir die meiste Zeit über am Strand verbracht hatten. Ich hatte gerade erst Laufen gelernt, und aus dieser kindlichen Perspektive sah der Baum majestätisch aus. Ich stoppte meinen Vater und bestand darauf, mit unserer Kamera ein Foto von ihm aufzunehmen. Doch diese war schon in den Tiefen des Koffers verstaut, und so teilte er mir mit, das sei nicht möglich. Da ich kurz vor einem Wutausbruch stand, hielt er inne und blieb mit mir vor dem Baum stehen. Dann sagte er: »Es ist nicht immer nötig, alles festzuhalten, denn die schönsten Bilder sind die in der Erinnerung. Nimm dir ein paar Minuten Zeit und präge dir jedes Detail ein.«

Bis heute sind die Besonderheiten des Baumes fest in meiner Erinnerung verankert. Rückblickend war dies das erste Mal in meinem Leben, wo ich vollkommen bewusst im Moment war, denn die wenigen Minuten vor ihm hätten auch Stunden sein können.

»Flow« – ein Wort, das mich durch den Alltag begleitet. So baue ich in meinen Peloton-Kursen immer wieder Flow-Momente ein, in denen ich die Teilnehmer auffordere, mit dem Beat der Musik auf dem Bike zu fahren. Dabei bin ich selbst still und gebe den anderen den Raum, mit der Musik und der körperlichen Bewegung vollkommen gegenwärtig im Einklang zu sein.

Vor Jahren setzte ich mich das erste Mal tiefergehend mit der Idee dahinter auseinander. Beeinflusst hat mich dabei das Buch *Flow* von Mihaly Csikszentmihalyi, jedoch konnte ich die vielen Informationen darin aufgrund ihrer Komplexität nicht wirklich in meinen Alltag integrieren. Ich brauchte ein einfacheres Konzept, das ich in verschiedenen Lebenssituationen anwenden konnte. Ich wollte das Flow-Gefühl nicht nur in bestimmten besonderen Momenten erleben, sondern auch in scheinbar ordinären Alltagssituationen. Inspiriert von Csikszentmihalyis Arbeit blieb mir der Gedanke »Im Moment sein und in der Tätigkeit aufgehen« im Kopf und prägte meine Interpretation dieses Zustands. Über die Jahre entwickelte ich dann meine eigene Flow-Formel, die auf viele Situationen im Leben anwendbar ist:

Freude + Vertrauen + Frust + Mut + Loslassen = Flow

Meine persönliche Formel steht für einen Zustand, in dem ich mental angekommen bin und in den Moment abtauche – wie damals vor dem Baum. Sie beschreibt das Gefühl, das ich bemerke, wenn die Dinge im Alltag fließen und wie von allein zu meinen Gunsten arbeiten. Dabei entsteht aus Freude und einfachem Vergnügen ein tiefes Vertrauen in mich und meine Fähigkeiten, denn durch das spielerische Aufbauen meines Könnens wird mein Selbstvertrauen gestärkt. Hinzu kommt, dass mein eigener Frust und Grenzen, auf die ich stoße, meinen Mut und meine Durchsetzungskraft steigern. Frustration und Grenzen sind ganz natürliche Aspekte des Lebens, die in fast jeder Situation präsent sind, aber ich brauchte eine Weile, um zu lernen, sie ohne Drama in den Alltag einzubauen. Deswegen ist Loslassen eine weitere wichtige Komponente, die für einen Flow-Effekt nach meinen Vorstellungen unabdingbar ist.

Dabei ist mein persönliches Im-Flow-Sein kein anhaltender Zustand, der, sobald er sich einmal eingestellt hat, immer bestehen bleibt, sondern ein ständiger Prozess zwischen den einzelnen Komponenten, die sich ohne eine bestimmte Reihenfolge gegenseitig beeinflussen. Freude, Vertrauen, Frust, Mut und Loslassen sind Emotionen und Charaktereigenschaften, die den Flow ausmachen und auf Prozesse in meinem Inneren einwirken. Fehlt einer dieser Bausteine, dann fehlt auch der Flow. Diesen Prozess kann ich in unterschiedlichen Alltagssituationen erleben, ob bei der Arbeit, in der Freizeit oder mit der Familie.

IN NEUEN SITUATIONEN IN DEN FLOW FINDEN

Mit dem Flow gehen – nicht immer kann diese entspannte Haltung von Anfang an in jeder neuen Situation eingenommen werden. Als mein Mann und ich vor Kurzem davon erfuhren, dass wir zum ersten Mal Eltern werden, war der Beginn dieser neuen Lebenssituation mehr ein Hineinschlittern als ein anmutiges Treibenlassen. Ein neues Kapitel in unserer Beziehung, das im ersten Moment von Freude und Aufregung geprägt war. So wie viele andere neue Situationen brachte auch diese ihre Herausforderungen und Ängste mit sich. Wir beide stehen individuell vor unseren eigenen also auch gemeinsam geteilten Aufgaben, wobei wir keine Ahnung haben, was wirklich auf uns zukommen wird. Freundlich gemeinte Ratschläge und Geschichten anderer Eltern geben uns zwar einen Einblick in die persönlichen Erfahrungen anderer, doch auch sie können nicht in die Zukunft blicken und genau sagen, wie es sich bei uns entwickeln wird. Etwas Großes und Ungewisses steht uns bevor, in das wir mutig schreiten, denn ein Zurück gibt es nicht. Gerade in dieser Situation den Flow zu bewahren ist ein Thema, mit dem ich mich viel beschäftige: Wie kann ich es schaffen, trotz der Ungewissheit in ihm zu bleiben?

Ich versuchte, mich zuerst auf die Freude zu konzentrieren, die aufgrund des wachsenden Lebens in mir von Natur aus vorhanden war. Doch in vielen Situationen wurde sie getrübt, da die verschiedenen körperlichen und psychischen Begleiterscheinungen meiner Schwangerschaft nicht immer einfach waren. Ich kam sogar an den Punkt, wo ich mir eingestehen musste, die Schwangerschaft nicht genießen zu können. Ich war frustriert, dass ich nicht mehr Herr über meinen eigenen Körper war und nicht wirklich verstand, was gerade passierte, denn alles war neu und unbekannt für mich. Ich hatte aber nicht vor, die nächsten Monate leidend und ohne Freude durchs Leben zu gehen, und wusste, dass ich meine Denkweise ändern wollte – und musste. Die aufkommende Enttäuschung aufgrund meiner unangenehmen körperlichen Situation prägte meine Wahrnehmung und meine Gefühle, doch je mehr ich die Frustration registrierte und mich auf sie einließ, desto mehr wurde sie zu einem Motor der Veränderung. Ich war vielleicht

nicht mehr vollständig Herr über meinen Körper, jedoch noch immer über meine Gedanken.

Zu Beginn versuchte ich, meine Wissenslücken zu schließen, indem ich mir Informationen rund um Schwangerschaft und Muttersein aneignete. Besonders effektiv waren dabei meine Putzausbrüche, bei denen ich das ganze Haus aufräumte, während ich relevante Podcasts hörte. Mein lähmendes Unwissen wurde zunehmend durch Interesse ersetzt, mehr über meinen Körper und seine Veränderungen zu erfahren, und ich merkte, wie ich mich mit steigendem Wissensstand auch immer ausgeglichener fühlte. Auch durch den Austausch mit Ärzten und Hebammen wuchs mein Vertrauen in mich und meine körperlichen Fähigkeiten. Ich zog Gewissheit aus dem Gedanken daran, wie viele Frauen diesen Weg schon vor mir erfolgreich gegangen waren, und dass mein Körper tief im Inneren wusste, was zu tun war.

Auch spirituell arbeitete ich an meiner Wahrnehmung und meinem Vertrauen in Gott, dass die auf mich zukommenden Aufgaben genau die richtigen waren und es keine Herausforderung geben würde, der ich nicht gewachsen war. Durch mein gewachsenes Vertrauen begann sich meine Einstellung zur Schwangerschaft, grundlegend zu ändern. Ich brachte den Mut auf, auch mal nach Hilfe zu fragen oder meine Grenzen zu formulieren. Auch wenn ich sportlich gern auf dem gleichen Level weitergemacht hätte, musste ich die Intensität meiner Cycling-Kurse und auch meines persönlichen Trainings herunterfahren. Erst fiel es mir schwer, überhaupt meine neuen Grenzen zu erkennen, doch je mehr ich mich mit meinem Körper und Geist befasste, desto besser konnte ich einschätzen, was mir guttat und was nicht. Dabei war meine körperliche Wahrnehmung auf Feinabstimmung gestellt, denn es ging nicht mehr nur um mich, sondern auch um das Wohlergehen meines Babys. Statt an meiner Kontrolle festzuhalten, öffnete ich mich für die Erkenntnis, dass jeder Tag eine neue Entwicklung mit sich bringen konnte. Dies half mir, mich mental auf eine Vielzahl von Gegebenheiten vorzubereiten. Der ständige Prozess des Loslassens begleitete mich durch die Schwangerschaft, denn ich musste die eigenen Erwartungen in regelmäßigen Abständen anpassen. Doch mit jedem neuen Tag und neu gesteckten Zielen fand ich meinen Flow auch in der Schwangerschaft wieder.

Nicht jedes neue Kapitel im Leben ist erfüllt von Freude wie die einer Schwangerschaft, vielmehr können auch Frustration und Angst vorherrschend sein. Freude in diesen Situationen zu finden ist nicht einfach, die Zweifel können leicht das Vertrauen und den Mut ersticken. Für mich war es in solchen Lebensabschnitten – ob bei der Trennung meiner Eltern, der Perspektivlosigkeit nach dem Abi oder meiner Entscheidung, von Bali wegzuziehen – besonders wichtig, meinen Fokus auf das Loslassen zu richten und optimistisch in die Zukunft zu blicken, anstatt an Vergangenem festzuhalten. Auch wenn ich immer mal wieder mit Situationen konfrontiert wurde, bei denen ich den Sand in den Kopf stecken wollte, hielt ich an einem positiven Mindset fest. Dabei lernte ich, dass jede neue Lebenssituation Chancen mit sich bringt. Es braucht eine Extraportion Mut und Offenheit, auf andere zuzugehen oder sich zu trauen, neue Aufgaben anzunehmen.

Kleiner Zwischen-Take-off in den Flow (1)

Egal wo du dich in deinem Leben befindest, du hast immer die Garantie, dass sich etwas ändern wird und du mit unbekannten Situationen konfrontiert wirst. Vielleicht stehst du auch gerade vor einem Umbruch.

- Wie bereitest du dich darauf vor?
- Was hat die Kraft, dich aus dem Konzept zu bringen?
- Was brauchst du, um deinen Flow in einer neuen Situation zu finden?

DEN FLOW IM ALLTAG AUFRECHTERHALTEN

Nicht nur in den großen, lebensverändernden Phasen gilt es im Flow zu bleiben, auch in den kleinen Routinen im Alltag kommt es zu stürmischen Momenten, in denen eine Umorientierung eventuell notwendig ist. Wir haben alle gewisse Gewohnheiten etabliert, manche sind einfach einzuhalten, wie das Zähneputzen, manche schwerer, wie eine Fitnessroutine. Inmitten all dieser Wiederholungen im Tagesablauf kann es sich anfühlen wie ein entspanntes Treibenlassen in immer wiederkehrenden Momenten. Veränderungen im Alltag können diese gefühlte Balance in den kleinen Dingen durcheinanderbringen.

Besonders einschneidend für meine Alltagsroutinen war auch hier wieder die Schwangerschaft, denn was ich mir an Routinen in den letzten Jahren aufgebaut hatte, konnte ich nun getrost fallen lassen. Den Flow, den ich hatte, musste ich ändern, meiner neuen Lebenssituation im Großen musste auch im Kleinen eine Anpassung folgen. Mit der Schwangerschaft war ich gezwungen zu lernen, andere Lebensmittel zu essen und meine Sportübungen auf die Veränderungen meines Körpers abzustimmen. Das war gar nicht so einfach, denn um ehrlich zu sein fällt es mir nicht immer leicht, Routinen einzuhalten und Verhaltensweisen aufrechtzuerhalten. Wenn ich eine Routine aber erst einmal etabliert habe, dann halte ich sie auch ein, doch das braucht Zeit. Erst durch das Erstellen von motivierenden Trainingsplänen schaffte ich es in der Vergangenheit, mir meine eigene Fitnessroutine aufzubauen, an die ich mich auch verlässlich hielt.

Doch nicht nur Sport, sondern beispielsweise auch Zeit in der Natur zu verbringen ist eine antrainierte Verhaltensweise. Mein täglicher Spaziergang als Routine macht mir zwar Spaß, doch um sich erst mal die Zeit dafür freizuschaufeln und einen gewissen Automatismus zu etablieren, bedurfte es des Setzens klarer Prioritäten. Bestimmte Verhaltensmuster in den Tagesablauf einzubauen kann einfach sein, wenn die Resultate dem Körper und der Seele guttun. Aber manchmal muss man sich selbst eingestehen, dass stundenlang auf Instagram zu verweilen zwar den Kopf kurzfristig entspannt, aber nicht allzu förderlich für die langfristige Gesundheit ist. Deswegen ist es ratsam, zwischendurch zu überprüfen, welche Alltagsgewohnheiten einen wirklich weiterbringen und sinnvoll sind.

Surfen hatte bei mir von Anfang an eine gewisse Sonderrolle, denn dazu brauchte ich mir keine Gewohnheit aufzubauen, vielmehr hatte es immer Priorität. Wellenreiten wollte ich immer und zu jeder Zeit. Alles andere im Alltag musste ich darum herum ansiedeln, Zeit dafür einplanen und mich an diese Pläne auch halten. Manche Dinge laufen einfach wie von selbst und bringen ganz automatisch einen Flow mit sich, der wenig Mühe bedarf, um aufrechterhalten zu werden. Als ich etwa ab der Mitte der Schwangerschaft nicht mehr surfen konnte, brachte dies eine große Änderung meiner Freizeitgestaltung mit sich. Sportlich musste ich mich auf diese Situation neu einstellen und meine alten Routinen verwerfen.

Surfen fiel nun als Sport weg, ich musste meinen gesamten Fitnessplan ändern, Verhaltensweisen anpassen und neue Routinen etablieren. Mit anderen Worten: Ein neuer Flow musste für meinen Alltag her! Anfangs vermisste ich meine Zeit im Wasser, dennoch gab ich mir Mühe, die Freude in anderen Dingen zu finden. Beckenbodentraining war nun angesagt, dabei wollte ich doch eigentlich nur schwerelos auf meinem Surfboard mit den Wellen spielen! Um gegen den aufkommenden Frust anzugehen, probierte ich mehrere neue Routinen aus. Mit verschiedenen Sportgeräten, von Hüpfbällen bis zu kleinen Widerstandsbändern, brachte ich neuen Schwung in meinen Fitnessalltag. Dabei erlegte ich mir selbst keine Ziele oder Erwartungen auf, sondern versuchte, locker meinen Flow zu finden. Es war mir wichtig, nicht zu hart mit mir selbst zu sein.

Doch auch vor der Schwangerschaft hatte es in den letzten Jahren schon einen Wandel in meinen Routinen gegeben. Veränderung ist immer gut, und wenn ich zurückblicke, trat bei mir noch nie eine Stagnation auf, sondern immer eine stetige Weiterentwicklung. Auch wenn ich meinen Rhythmus im Alltag gefunden hatte, suchte ich stets nach neuen Möglichkeiten der Erweiterung und Veränderung im Kleinen. Hier ist ein Beispiel: In meiner Zeit in Kiel machten mein Mann und ich täglich einen Spaziergang. Egal bei welchem Wetter ging es nach draußen, was im Norden schon mal Überwindung

HONDA
Beat
DR 2572 UE
07·24

kosten konnte. In dieser Verhaltensweise hatten wir unseren Flow gefunden, wir mussten nicht einmal mehr darüber nachdenken, der Spaziergang kam wie von allein im Tagesablauf vor. Da Veränderungen oft Spaß machen, entschieden wir uns, den Spaziergang mit einem Sprung in die Förde zu verbinden. Zunächst war es etwas schwer, diese neue Routine des Badengehens umzusetzen, denn sie benötigte mehr Zeit zur Vorbereitung. Wir mussten die Handtücher einpacken und einplanen, uns erst einmal umzuziehen, aber nach einiger Zeit ging uns auch diese neue Verhaltensweise leicht von der Hand.

Doch warum versuche ich eigentlich, Routinen im Alltag zu etablieren? Bedeutet Flow nicht einfach, im Moment zu sein und den Dingen ihren Lauf zu lassen? Würde ich mich nur treiben lassen, dann wäre die »Loslassen«-Komponente von Flow ausgeprägt, und »Mut« würde dabei eventuell vernachlässigt werden.

> Mutig zu sein bedeutet, seinen Alltag selbst in die Hand zu nehmen, ihn nach den eigenen Bedürfnissen zu gestalten. Nur so ist Selbstfürsorge möglich – auf der körperlichen wie auf der mentalen Ebene.

Flow heißt für mich in keinem Fall, sich passiv »gehen zu lassen«, oder eine gleichgültige Haltung gegenüber dem Leben einzunehmen. Routinen helfen mir dabei, meinen Tag effektiver zu nutzen und meine Ziele zu erreichen. Sie unterstützen und verstärken den Flow-Effekt.

Kleiner Zwischen-Take-off in den Flow (2)

Oft sind wir uns gar nicht bewusst, welche Gewohnheiten unser Leben bestimmen. Ein Bewusstsein über die Dinge zu entwickeln, die uns guttun, kann helfen, diese Routinen noch auszubauen und für den Alltag zu nutzen. Nimm dir nun einen Augenblick Zeit und frage dich:

- Was für gesunde Routinen hast du in deinem Alltag etabliert?
- Was tut dir gut und was hilft dir, dich zu entspannen?

FLOW BEI DER ARBEIT

Wenn Menschen gefragt werden, wer sie sind, dann nennen sie oft als Erstes ihren Beruf. Er prägt unser gesamtes Leben in jeder Phase. Schon im Kindergarten spielen die ersten Überlegungen zum Traumberuf eine Rolle, und die Schulzeit bestimmt maßgeblich unsere zukünftigen Entscheidungen.

Ich wollte immer viel ausprobieren und mich am liebsten gar nicht festlegen müssen, denn die Möglichkeiten des Berufslebens sind alle spannend. Natürlich hatte ich auch die finanzielle Versorgung im Hinterkopf, doch eigentlich wollte ich nur eine coole Arbeit, die mir Spaß macht und vor allem einen guten Fußabdruck auf der Erde hinterlässt. Je älter ich wurde, desto stärker wurde mir bewusst, wie schwer diese Vision zu verwirklichen ist. In meinen Vorstellungen war vieles einfach, doch die Realität zeigte mir, dass die Berufswelt kein Wunschkonzert ist.

Irgendwann kam ich an den Punkt, dass es sogar annehmbar für mich war, einen Job nur des Geldes wegen zu machen, ohne dass ich irgendeinen anderen Sinn darin sehen konnte. Die Tätigkeit durfte nur nicht mit meinen allgemeinen Werten kollidieren, und so nahm ich den ein oder anderen nicht allzu spektakulären Studentenjob an. Ich hätte auch einfach weiter solche Jobs machen können, denn solange sie nicht an der körperlichen oder mentalen Gesundheit nagten, war nichts dagegen einzuwenden, einfach nur für Geld zu arbeiten. Ich wollte auch vermeiden, dass die Arbeit zum Sinn meines Lebens wird. Deswegen achtete ich bereits früh darauf, meinen Job nicht mit meinem Charakter zu identifizieren, und antwortete auf die Frage, wer ich sei, nicht nur mit meinem Jobtitel, sondern versuchte, eine Zusammenfassung verschiedener Facetten meiner Persönlichkeit zu geben. Auch Dinge, die mich in meinem Leben bewegt und geprägt haben, machen meine Persönlichkeit aus, wobei ich immer leicht zwischen denjenigen, die tiefgehende Erfahrungen und veränderte Denkweisen mit sich brachten, und denen, die nur Mittel zum Zweck waren, unterscheiden konnte. Wenn ich mich auf etwas einließ, was in mir keine Leidenschaft auslöste, hatte diese Entscheidung also keinen Einfluss darauf, wie ich mich selbst sah. Die Beschreibung meiner Persönlichkeit kann sich zwar mit den Jahren etwas ändern, doch viele der Facetten sind stabil über die Zeit.

In keinem Bereich des Lebens verbringe ich so viel Zeit wie auf der Arbeit, was automatisch den Rest meines Alltags beeinflusst. Doch wie schaffe ich es, meine Arbeit nicht mein ganzes Privatleben vereinnahmen zu lassen und einen gesunden Abstand zwischen den beiden Sphären herzustellen? Die Frage nach der Work-Life-Balance wurde gerade während der Coronazeit mit der Arbeit im Homeoffice wichtiger denn je.

Denn es war schwerer, zwischen der Arbeit und all den Alltagsaufgaben die Balance zu finden. Beides vermischte sich zudem immer stärker. Sich auf die Arbeit zu konzentrieren wurde zu einer Meisterleistung, während der Wäscheberg am Wachsen war und der leere Kühlschrank einem entgegengähnte.

Was ist der beste Weg, meine Kapazitäten bei der Arbeit nachhaltig einzuteilen? Auch in diesem Kontext gibt es ein ständiges Auf und Ab, einen Wechsel zwischen Tagen oder Wochen mit einem intensiven und weniger intensiven Arbeitspensum. Meine Kraft muss ich mir daher selbst einteilen und Dinge loslassen, die nicht in meiner Macht liegen. Mit einer soliden Vorstellung davon, was ich schaffen kann und muss, ist es leichter zu entscheiden, ob ich meine momentanen Grenzen respektiere oder zu erweitern versuche. Bei diesem Prozess werden für jeden ganz individuell andere Dinge herauskommen. Ich hatte beispielsweise immer gedacht, dass ich viele Projekte auf einmal wuppen kann, dann jedoch wurde mir bewusst, dass ich effizienter bin, wenn ich mich nur in eine Sache stürze und diese erst einmal beende, bevor ich etwas Neues beginne. Da sich mein persönlicher Workflow zudem von dem anderer Menschen in meinem Umfeld unterscheidet, nutzt es mir wenig, nach rechts und links zu blicken und mich zu vergleichen.

Oft verschwenden wir kostbare Energie damit, uns über Dinge Sorgen zu machen, die nach kurzer Zeit keinen Einfluss mehr auf unser Leben haben werden. Unser Job nimmt einen Großteil unseres Lebens ein, deswegen ist es umso wichtiger, darauf zu achten, einen gesunden Umgang mit den anfallenden Aufgaben zu etablieren. Ich habe über die Jahre für mich erkannt, dass ich nur im Flow sein kann, wenn ich mich ganz auf meine Arbeit konzentriere und dabei meinen Prioritäten nachgehe, ohne dabei meine Grenzen zu verletzen. Sobald ich versuchte, mehr zu geben, als mir zur Verfügung stand, entwickelte sich ein Ungleichgewicht, das mich langfristig unglücklich machte. Jeder Job kann – wie jede andere Tätigkeit auch – seine eigenen Schwierigkeiten mit sich bringen, die dich womöglich aus der Balance bringen.

Hinsichtlich meiner Prioritäten musste ich mir selbst immer sagen, dass ich nicht mein Job bin, denn wer bin ich dann noch, wenn er wegfällt? Unsere Arbeit prägt uns und beeinflusst unseren Alltag, doch sie ist auch nur eine Komponente unter vielen anderen, die unser Leben ausmachen. Ganz individuell können wir alle entscheiden, welche Lebensbereiche wir wichtig finden und wo wir besonders viel Herzblut investieren. Dabei kann es auch verschiedene Phasen geben, in denen wir Dinge unterschiedlich gewichten.

Das Surfen stand bei mir lange im Vordergrund, es fühlte sich an wie ein Job, dem ich nachging. Familie und Freunde kamen zu der Zeit etwas kürzer, doch das war für mich in Ordnung; ich konnte mit gutem Gewissen in den Sport investieren. Als ich jedoch zurück nach Europa ging, merkte ich, dass meine Priorisierung aus dem Gleichgewicht geraten war. Durch meine extreme Fokussierung auf das Wellenreiten waren andere wichtige Dinge aus dem Blick geraten und vernachlässigt worden. Mein Bali-Surf-Flow hatte sich auf der Insel zwar gut und richtig angefühlt, war aber in einer anderen Lebensphase nicht mehr angemessen.

Kleiner Zwischen-Take-off in den Flow (3)

Wenn dich der Stress im Alltag und auf der Arbeit überrennt, kann eine Sporteinheit als Ventil helfen. Doch wie steht es um die Fitness für dein Inneres?
Stell dir vor, dein Innenleben gliche einem Körper mit ähnlichen Prozessen und Bedürfnissen. Frage dich:

- Wie steht es um deine innere Nahrung und Versorgung?
- Was fütterst du deinem Inneren?
- Gibst du dir selber genug Zeit zu verdauen?

Manchmal sind es die Kleinigkeiten im Leben, die unsere Seele nähren. Beispielsweise den morgendlichen Kaffee nicht schon am Schreibtisch zu trinken, sondern ohne Handy auf der Bank vor dem Haus. Oder sich die Zeit zu nehmen, mit der Seniorin aus der Nachbarschaft auch mal ein längeres Gespräch zu führen. Probier es aus!

DEN FLOW MIT ANDEREN TEILEN

Hast du schon einmal erlebt, in einer Situation festzustecken, die andere nicht verstehen konnten? Während die Menschen um dich herum riesige Vorwärtsschritte machen und auf dem Höhepunkt ihres Lebens angekommen zu sein scheinen, geht es im eigenen Leben bergab. Dann fragt man sich: Was mache ich falsch – warum sieht meine Situation so aussichtslos aus, während es bei anderen wie am Schnürchen läuft?

Wenn du nicht mehr auf der gleichen Wellenlänge mit den Menschen um dich herum bist, scheint die Akzeptanz der aktuellen Lebenslage schwieriger zu sein. Das Gefühl, »zusammen im gleichen Boot zu sitzen«, kann generell helfen, sich mit der eigenen Situation zu arrangieren. Sitzt man jedoch allein darin, kann sich die kleinste Niederlage anfühlen, als würde man in einer Nussschale gegen einen Sturm ankämpfen. Sich noch tiefer in die momentane Situation zu vergraben ist dann eine häufige Reaktion.

Zum ersten Mal fiel mir dieses Ungleichgewicht in Bali auf, wo ich mit einer Freundin zusammenlebte, die nach einer gescheiterten Beziehung in einer tiefen Krise steckte. Ich dagegen hatte gerade mein Studium angefangen und zum ersten Mal seit Langem das Gefühl, einen neuen Zweck in meinem Inselleben gefunden zu haben. Wir waren innerlich also an vollkommen unterschiedlichen Orten. Als ich zuvor selber in einer Selbstfindungsphase gesteckt hatte, in der sich alles schwer anfühlte, hatte sie noch versucht, mich zu motivieren, bei ihren Projekten mitzumachen. Wenn jemand in einem guten Flow ist, kann das ansteckend wirken und Mitmenschen mitreißen. Die unterschiedlichen Gemüter können sich gegenseitig unterstützen und aus dem Sumpf ziehen, wenn sich die Gelegenheit ergibt, aber auch die Laune verderben. Die uns umgebenden Menschen nehmen maßgeblich Einfluss auf unsere Wahrnehmung der Welt und unsere Empfindungen. Genauso entfaltet jeder von uns eine Wirkung auf seine Mitmenschen. Egal in welcher Stimmung und Lebenssituation ich mich gerade befinde, eines begleitet mich immer: Ich muss mir bewusst sein, dass ich eine gewisse Verantwortung für meine Umgebung habe. Beflügelt von guter Laune und einem optimistischen Ausblick auf die Welt habe ich Energie und Wärme, meinen Freunden oder meiner Familie etwas Licht abzugeben, wenn sie gerade innerlich im Winter sind.

Dabei geht es nicht darum, jemanden von seinen eigenen Gefühlen abzulenken, sondern vielmehr, ein Geben und Nehmen in den unterschiedlichen Phasen unseres Lebens zu erschaffen.

Flow ist nichts, das nur unser Inneres betrifft.
Flow entsteht gerade auch dann,
wenn wir uns mitten unter Menschen befinden,
mit denen uns etwas verbindet.

Du kennst sicher auch das Gefühl, wenn in einer bestimmten Arbeitsgruppe in der Schule oder im Beruf die Zusammenarbeit mühelos von der Hand geht. Dieser Eindruck entsteht, wenn ich nicht nur im Flow mit mir selbst, sondern synchronisiert mit meinen Mitmenschen bin. Meistens kommt es scheinbar ganz zufällig zu diesen Situationen, doch auch diese Gruppenerlebnisse können mit meiner persönlichen Flow-Formel beschrieben werden. Denn auch hier kann ich ein Zusammenspiel erkennen aus Freude an der Zusammenarbeit, gegenseitigem Vertrauen, Frust, Mut, seine Meinung zu äußern, und dem Loslassen der kleinen, unwichtigen Dinge in der Zusammenarbeit. All das zusammen führt zu einem Flow-Effekt in der Gruppe. Auch wenn die Komponente »Frust« auf den ersten Blick vielleicht negativ erscheint, ist sie ein essenzieller Treiber für den Flow, denn wo Frustrationen aufkommen, herrscht keine Gleichgültigkeit, sondern eine gewisse Emotionalität für die Situation vor.

Doch nicht nur in Arbeitsgruppen kann es zum Workflow kommen, auch Partnerschaften und Freundschaften können im Einklang fließen. Das Gefühl dabei ist ähnlich, der Alltag scheint wie von selbst reibungslos in Harmonie zu verlaufen, und selbst aufkommende Frustrationen und Probleme unterbrechen diesen Fluss nicht, sondern wirken wie ein Motor, der den Flow noch weiter antreibt.

Der bestehende Flow zwischen Menschen kann ansteckend wirken und weitere Personen, die damit in Kontakt kommen, mitreißen. Wie oft war ich in ein produktives Gespräch mit einer Kollegin vertieft, als eine weitere Person mit einer ganz anderen Energie dazukam. Nach kurzer Zeit wurde sie dann von der Dynamik des Gesprächs angesteckt und inspiriert, sodass sie das Gespräch schließlich mit einer anderen Gefühlslage verlassen konnte.

Wir wissen nie, was wir mit unseren Worten, unserer Wärme oder einfachen Anwesenheit bei anderen Menschen bewirken können. Egal in welcher Lebenssituation und Stimmung wir uns befinden: Be kind.

Sei empathisch mit dir selbst und den Menschen in deinem Umfeld und ermutigt, dich von dem Flow anderer tragen zu lassen, wenn du es brauchst.

WELLENREITEN: MEHR FLOW GEHT NICHT

Das unablässige Zusammenspiel von Energieaufbau und -entladung. Das Auf und Ab der Wellen, ein Auftürmen und Zusammenbrechen, das niemals gleich ist und mir doch nach all den Jahren berechenbar vorkommt. Nirgendwo fließen die Dinge so im Einklang wie beim Surfen. Nirgendwo fühle ich mich so mit mir selbst und gleichzeitig auch mit meiner Umgebung verbunden und kann so präsent sein wie im Meer. Wellenreiten gibt und nimmt mehr Energie als alle anderen Sportarten, die ich ausprobiert habe, und erlaubt mir, stärker zu wachsen, als ich es jemals für möglich hielt. Nichts bringt mir mehr Freude, verlangt, dass ich mehr Mut und Vertrauen in mich habe, und erzeugt mehr Frustration, die ich loslassen muss. In anderen Worten: Nichts in meinem Leben verkörpert Flow besser als das Surfen.

Es hat auf der einen Seite viel damit zu tun, dass ich dabei innerhalb weniger Minuten paradoxe Höhen und Tiefen auf physischer als auch emotionaler Ebene erleben kann. Der Rausch einer guten Welle kann meine miese Laune in pure Freude verwandeln – und umgekehrt eine schwarze Wolke zu viel am Himmel mein Gefühl der Sicherheit in Unbehagen. Wie kommt es, dass ich mich in dieser Achterbahn der Gefühle so sehr im Einklang mit dem Leben fühle? Die Menge des beim Wellenreiten ausgeschütteten Adrenalins hat definitiv eine belebende Wirkung, die mich im Moment sein lässt. Das Auf und Ab dieser chemischen Prozesse im Körper kommt mir oft wie ein Kickstarter meines inneren Systems vor, dass darin trainiert wird, das Unerwartete zu erwarten. Obwohl dies für manche Menschen vielleicht stressig klingen mag, ist es für mich ein unbeschreibliches Gefühl von vollkommener Aufmerksamkeit, denn gepaart mit dem Rausch der Glückshormone, den das Reiten einer Welle auslösen kann, fühle ich mich manchmal, als hätte ich mehr als fünf Sinne.

Dies ist ein weiterer Grund, warum das Surfen der beste Lehrer ist, um in den Flow zu kommen. Mit der gesteigerten Aufmerksamkeit, die ich im Wasser haben muss, wird von mir verlangt, mit all meinen Sinnen präsent zu sein. Nicht mit dem Kopf in den Wolken, sondern im Hier und Jetzt zu sein bringt mich in einen Zustand des Flows. In den Wellen kann ich vollkommen in meinem Element sein und einer Vielzahl von Emotionen Raum geben, um an die Oberfläche zu kommen und von der Strömung weggetragen zu werden.

Im Zustand des Flows können sich Stunden wie Minuten anfühlen, denn alles scheint aufeinander abgestimmt zu sein. Wie oft blickte ich auf Bali nach dem Surfen in den kleinen Seitenspiegel meines Rollers und wurde von meinem roten Gesicht überrascht, obwohl ich vorher eine ganze Tube aufgetragen hatte. Dabei wollte ich doch ursprünglich nur ein paar Wellen nehmen und vor 22 Uhr wieder zurück an Land sein! In diesem Zustand der vollkommenen Gegenwärtigkeit fließen die Momente ineinander und lassen das reguläre Zeitempfinden verschwinden.

Auf die Veränderungen in unserem Inneren, die im Wasser passieren, hat auch die Natur starken Einfluss. So beschäftigen sich Wissenschaftler immer mehr mit dem Effekt, den das Meer auf uns Menschen hat. Aus meiner Erfahrung kann ich berichten: Die Ruhe und Freiheit, die ich verspüre, wenn ich den Ozean erblicke, kann nur durch das Reiten auf den Wellen übertrumpft werden.

Zusammen bedeuten all diese Dinge, dass ich beim Surfen meine Balance finden kann. Damit meine ich nicht nur den Moment, wenn ich auf dem Board stehe, sondern auch das Gleichgewicht in meinem Inneren. Gefühle, die ich am Anfang des Surfs in meinem Körper spüre, werden entweder verstärkt oder neutralisiert, denn das Wasser ruft eine Bewegung in mir hervor, die jedes Mal anders aussehen kann. Es gibt Tage, an denen ich mich von mir selbst losgelöst fühle und gar nicht erst ins Wasser möchte, weil die Verbindung zu meiner inneren Freude unterbrochen zu sein scheint. Raffe ich mich dann aber auf und gehe ohne Erwartungen ins Wasser, so habe ich schon häufig erlebt, wie das Meer seine Magie spielen lässt und mir hilft, meine Gefühle wieder in Einklang zu bringen. An anderen Tagen wird aus meiner leichten Verstimmtheit ein voll entfalteter Wutausbruch, den ich nicht hatte kommen sehen.

In welche Richtung das Meer mich beeinflusst, hängt von meiner Offenheit ab, mich dem Lauf der Dinge hingeben zu können. Sie entsteht nur, wenn ich bewusst darauf achte, mich nicht zu verkrampfen. Wie bei anderen Sportarten steht es der Zielerreichung im Weg, wenn man sich verhärtet, denn eine sportliche Anstrengung geht auch ohne jegliche Verspanntheit im Einklang des Flows vor sich. Ähnlich verhält es sich mit dem Surfen, wenn ich mich in der gegebenen Situation nicht entspanne und mich auf sie einlasse. Was vorher schon in mir braute, wird hervorgehoben, doch wenn ich zulasse, mich dem Fluss der Surfsession hinzugeben, hat das Meer die Kraft, den Flow-Zustand noch zu verstärken. Auch wenn es beim Wellenreiten mal körperlich oder mental anstrengend wird, schaffe ich es so, locker und gelassen zu bleiben.

Sich dem Flow des Meeres hingeben bedeutet auch, Gedanken zur Seite zu stellen und vollkommen in seinem Körper zu sein. Denn um sich beim Wellenreiten auf die Bewegung des Ozeans einlassen zu können, muss man vollkommen und mit allen Sinnen in der Gegenwart sein. Das heißt weg von inneren Gesprächen und rein in das, was tatsächlich Realität ist: das Wasser, das meine Beine sanft wie Watte umstreicht, die Schönheit der Gischt, die von der brechenden Welle in einen Regenbogen verwandelt wird, die Freude in meinem Körper, wenn ich mit meinem Board die steile Wasserwand hinunter segle. Dies sind Dinge, die mich in den Flow bringen, wenn ich sie mit all meinen Sinnen aufnehme. Mit ihnen kommt das sanfte Wohlbehagen, das ich sowohl beim Surfen als auch in anderen Situationen deutlich in meinem ganzen Körper spüre und als Indikator dafür sehe, dass ich Teil des Flusses bin.

Das Wellenreiten, die Königin des Flows. Auch wenn du in deinem Leben noch nie eine Welle geritten bist – es kann immer ein erstes Mal geben. Wenn du Ängste oder Zweifel hast, keine Sorge, denn du bist nie zu alt oder untalentiert, etwas Neues auszuprobieren. Ich bin fest davon überzeugt, dass dir die Lehren, die du aus dem Meer ziehen wirst, im Alltag und bei anderen Sportarten weiterhelfen werden. Trau dich!

DIE FARBEN MEINES LEBENS

Mein Großvater verbrachte viel Zeit in seinem Atelier. Dort besuchte ich ihn als kleines Mädchen gern, denn ich liebte es, ausgiebig seine Bilder zu bestaunen. Seine farbenfrohen norddeutschen Landschaften zogen mich in den Bann, während der Geruch der Aquarellfarben eine beruhigende Wirkung auf mich ausübte. Ein Detail in einigen seiner Bilder ließ mich jedoch stutzen: Der Himmel war pink und lila. Seine sonst so realistischen Bilder zeigten die Welt, wie ich sie kannte, doch die überaus farbenfrohen Sonnenuntergänge stachen hervor und deckten sich nicht mit meiner Erfahrung. Zwar hatte ich schon so manche gesehen, aber nie wirklich die unterschiedlichen Farben an ihnen wahrgenommen. Auf mein Nachfragen meinte mein Großvater, dass ich die unterschiedlichsten Farben am Himmel sehen werde, wenn ich später mal groß bin. Er erklärte mir, dass der Himmel und die Sonne es gemeinsam schaffen, jede Farbe seiner Palette wiederzugeben, und kein Sonnenuntergang dem anderen gleicht. In meinem kindlichen Denken nahm ich mir mit dieser Information vor, fortan jede einzelne Farbe und Schattierung der untergehenden Sonne am Himmel in meinem Gedächtnis zu speichern. Meine innere Farbpalette sollte größer und vielfältiger sein als jede Palette in der realen Welt.

Aufgeladen mit dieser besonderen Bedeutung, begleiteten mich Sonnenuntergänge durch die guten und auch schlechten Tage meines bisherigen Lebens. Jeder Tag, der einem Sonnenuntergang vorausging, hatte mich durch die verschiedensten

Emotionen geführt, und manchmal war ich mir nicht sicher gewesen, wie er enden würde. Es gab vor Freude funkelnde Tage mit einer Surfsession im Sonnenuntergang als krönendem Abschluss. Und es gab Tage, an denen mich die Ungewissheit über meine Zukunft so aus der Bahn warf, dass nicht einmal die perfekt brechenden Wellen einladend aussahen.

Doch meistens konnte ich mich dazu bringen, auf das glänzende Wasser hinauszupaddeln in der Gewissheit, dass auch heute die ruhestiftende Kraft des Ozeans ihren Zauber entfalten würde. Dann wandelte sich das Blau des Himmels langsam in ein dunkleres Lila, und mit jeder Minute, in der ich in die Weite des Horizonts sah, schienen die Geschehnisse des Tages kleiner zu werden. Nichts hatte sich an meiner Situation geändert, doch warum hatten sich meine Gefühle so stark gewandelt? Es war, als hätte das Wasser innerhalb von Sekunden mein Gemüt beruhigt, meine Aufmerksamkeit auf das Hier und Jetzt gelenkt und der Sonnenuntergang mich in mein persönliches inneres Atelier gebracht. In diesen Momenten versuchte ich, mental ein Foto zu machen, indem ich mir jedes noch so kleine Detail des Himmels einprägte, während ich den immer dunkler werdenden Horizont im Feuerwerk der Farben bewunderte. In diesem Augenblick war nichts zu tun oder zu organisieren, es ging nur darum zu sein. Ein Gefühl von Dankbarkeit blieb, auch nachdem alle bunten Farben verschwunden waren und an ihre Stelle das Dunkle der Nacht trat.

Was ich vom Ozean gelernt habe? Mich auf ein Kommen und Gehen zu verlassen, und dass ich Vertrauen in den Lauf der Dinge habe. Dass in mir mehr steckt, als ich oft denke und dass Chancen oftmals dort warten, wo man sie nicht vermutet.

Es ist schön, eine gute Welle zu reiten, doch viel schöner ist es, mit anderen Menschen den Flow des Lebens zu teilen.

Auch wenn man in seinem Leben noch nie eine Welle geritten ist – es kann immer ein erstes Mal geben. Wenn man Ängste oder Zweifel hat, keine Sorge. Denn man ist nie zu alt oder zu untalentiert, etwas Neues auszuprobieren. Ich bin fest davon überzeugt, dass die Lehren, die man aus dem Meer ziehen kann, uns im Alltag weiterhelfen können.

VERZEICHNIS DER ÜBUNGEN

LIEBE LESERINNEN UND LESER,

wir wollen Ihnen mit diesem Buch Informationen und Anregungen geben, um Ihnen das Leben zu erleichtern oder Sie zu inspirieren, Neues auszuprobieren. Wir achten bei der Erstellung unserer Bücher auf Aktualität und stellen höchste Ansprüche an Inhalt und Gestaltung. Alle Anleitungen und Rezepte werden von unseren Autoren, jeweils Experten auf ihren Gebieten, gewissenhaft erstellt und von unseren Redakteur*innen mit größter Sorgfalt ausgewählt und geprüft.

Haben wir Ihre Erwartungen erfüllt? Sind Sie mit diesem Buch und seinen Inhalten zufrieden? Wir freuen uns auf Ihre Rückmeldung. Und wir freuen uns, wenn Sie diesen Titel weiterempfehlen, in Ihrem Freundeskreis oder bei Ihrem Online-Kauf.

Sollten wir Ihre Erwartungen so gar nicht erfüllt haben, tauschen wir Ihnen Ihr Buch jederzeit gegen ein gleichwertiges zum gleichen oder ähnlichen Thema um.

KONTAKT ZUM LESERSERVICE

GRÄFE UND UNZER VERLAG
Grillparzerstraße 12
81675 München
www.gu.de

GRÄFE UND UNZER

Ein Unternehmen der GANSKE VERLAGSGRUPPE

IMPRESSUM

GU ist eine eingetragene Marke der GRÄFE UND UNZER VERLAG GmbH, www.gu.de

ISBN 978-3-8338-9286-8

1. Auflage 2024

Projektleitung: Franziska Mohrfeldt
Lektorat: Pascal Akira Frank
Bildredaktion: Simone Hoffmann
Covergestaltung: Katja Wohnrath, ki36 Editorial Design, München
Umschlaggestaltung: Petra Schmidt, ki36 Editorial Design, München
Layout: Björn Fremgen, KONTRASTE
Herstellung: Petra Roth
Satz: Uhl + Massopust, Aalen
Reproduktion: Medienprinzen GmbH, München
Druck und Bindung: Livonia Print, Lettland

Umwelthinweis

Nachhaltigkeit ist uns sehr wichtig. Der Rohstoff Papier ist in der Buchproduktion hierfür von entscheidender Bedeutung. Daher ist dieses Buch auf PEFC-zertifiziertem Papier gedruckt. PEFC garantiert, dass ökologische, soziale und ökonomische Aspekte in der Verarbeitungskette unabhängig überwacht werden und lückenlos nachvollziehbar sind.

Bildnachweis

Cover- und Innenteilfotos: Henning von Jagow
Illustration: iStockphoto

Wichtiger Hinweis

Die Gedanken, Methoden und Anregungen in diesem Buch stellen die Meinung bzw. Erfahrung der Verfasserin dar. Sie wurden von der Autorin nach bestem Wissen erstellt und mit größtmöglicher Sorgfalt geprüft. Sie bieten jedoch keinen Ersatz für persönlichen kompetenten medizinischen Rat. Jede Leserin, jeder Leser ist für das eigene Tun und Lassen auch weiterhin selbst verantwortlich. Weder Autorin noch Verlag können für eventuelle Nachteile oder Schäden, die aus den im Buch gegebenen praktischen Hinweisen resultieren, eine Haftung übernehmen.